A ferida original

Dados Internacionais de Catalogação na Publicação (CIP)
(Câmara Brasileira do Livro, SP, Brasil)

Trevisol, Jorge
  A ferida original : decifrar a própria essência observando de perto a história de si mesmo / Jorge Trevisol. – Petrópolis, RJ : Vozes, 2024.

  ISBN 978-85-326-6743-4

  1. Cristianismo 2. Espiritualidade 3. Humanidade (Moral) – Aspectos religiosos – Cristianismo I. Título.

24-194757   CDD-233

Índices para catálogo sistemático:

1. Humanidade : Antropologia teológica : Cristianismo   233
Eliane de Freitas Leite – Bibliotecária – CRB 8/8415

A ferida original

Decifrar a própria essência observando de perto a história de si mesmo

JORGE TREVISOL

EDITORA VOZES

Petrópolis

2024, Editora Vozes Ltda.
Rua Frei Luís, 100
25689-900 Petrópolis, RJ
www.vozes.com.br
Brasil

Todos os direitos reservados. Nenhuma parte desta obra poderá ser reproduzida ou transmitida por qualquer forma e/ou quaisquer meios (eletrônico ou mecânico, incluindo fotocópia e gravação) ou arquivada em qualquer sistema ou banco de dados sem permissão escrita da editora.

CONSELHO EDITORIAL

Diretor
Volney J. Berkenbrock

Editores
Aline dos Santos Carneiro
Edrian Josué Pasini
Marilac Loraine Oleniki
Welder Lancieri Marchini

Conselheiros
Elói Dionísio Piva
Francisco Morás
Gilberto Gonçalves Garcia
Ludovico Garmus
Teobaldo Heidemann

Secretário executivo
Leonardo A.R.T. dos Santos

PRODUÇÃO EDITORIAL

Aline L.R. de Barros
Marcelo Telles
Mirela de Oliveira
Otaviano M. Cunha
Rafael de Oliveira
Samuel Rezende
Vanessa Luz
Verônica M. Guedes

Conselho de projetos editoriais
Isabelle Theodora R.S. Martins
Luísa Ramos M. Lorenzi
Natália França
Priscilla A. F. Alves

Editoração: Fernanda C. Berger
Diagramação: Editora Vozes
Revisão gráfica: Michele Guedes Schmid
Capa: Estúdio 483

ISBN 978-85-326-6743-4

Este livro foi composto e impresso pela Editora Vozes Ltda.

Sumário

Introdução 9
1 – O ser que se torna humano 19
2 – Olhar de horizonte amplo 31
3 – O sentimento ferido 40
4 – O pensamento doentio 73
5 – Redespertar a partir da ferida 89
6 – O caminho do mestre 108
7 – Formas de manifestações do ser 120
8 – Hesicasmo: O silêncio que cura as feridas da alma 168
9 – Holoikos: Um espaço de vida hesicasta 187

Dedico este livro à Inês, minha esposa, por caminharmos juntos, continuamente reconhecendo e curando nossas feridas através do amor da aliança. Imensa gratidão a Deus por um dia ter aproximado nossas almas para que nos reconhecêssemos um no outro, para assim, poder reconhecê-lo em todos aqueles que passam por nossos caminhos, seja nas suas dores que nos seus amores. E infinita reverência ao Universo, que pelas coisas perto, faz-nos saber o que carregamos dentro.

Introdução

A humanização da humanidade é uma real história de amor. A vida que foi tornando-se humana. A substância humanitária fez-se essência em movimento. Sob a óptica do tempo, essa história parece ter levado muitos anos para que se cumprisse. No entanto, no percurso do universo como um todo ela é muito recente. Ela é uma das últimas coisas. E graças a essa juventude da história é que nós temos o grande privilégio de olhar para trás e ainda poder entrar em contato com cada um dos passos da evolução humana. Somos humanos há não muito tempo, por mais tempo que isso pareça.

No entanto, somos ainda muito mais recentes no que diz respeito ao conhecimento do humano. Sabemos pouco sobre a essência humana. Pois, muito mais nova do que o surgimento da humanidade é a capacidade humana de pensar sobre o humano. Não faz muito tempo que se acordou na humanidade a faculdade de pensar sobre si mesma. Nessa óptica, a consciência humana pode ser considerada a filha mais jovem da humanidade. E precisamos dizer que talvez ela ainda seja uma criança recém-nascida diante da grandeza de sua potencialidade. Pois, na tarefa de tornar-se humana, a faculdade mais nobre ainda seja, talvez, aquela de fazer humanidade com consciência.

Tornar consciente o humano é humanizar a humanidade. E conscientizar o humano é angariar significados para a construção da humanidade consciente. Talvez, não haja algo mais humano do que a humanidade consciente, pois, tornar-se profunda e humanamente consciente significa, provavelmente, divinizar-se. E o que seria o divino senão a consciência na sua mais pura luminosidade?

Tomar consciência do humano, no entanto, é bem mais do que observar o acontecer humano. É, antes de tudo, entrar na experiência de humanização. É tomar conhecimento do humano que acontece em cada ser humano como tarefa de cada ser humano. Pois, talvez, a única humanidade que cada ser humano possa realmente chegar a conhecer seja aquela que se humaniza em si mesmo, na própria história pessoal. Antes, portanto, de qualquer pensamento, raciocínio ou reflexão sobre o humano que alguém possa ter, faz-se necessário o sentir-se humano. Eis por que a experiência humana é a primeira e a grande fonte de conhecimento, que nos seus âmbitos mais largos e profundos tem as marcas da sabedoria.

Conscientizar-se do humano – a partir do humano que habita cada ser humano – é o que significa propriamente humanizar-se. Pois, se a consciência é do humano um dos seus atributos mais nobres e elevados, conscientizar-se é das habilidades humanas, talvez, a única que realmente humaniza. E, provavelmente, o que a humanidade mais necessita não é de seres humanos, mas da consciência de sua humanização. Pois, sobre a terra existe, sim, uma espécie que é humana, mas humano mesmo é o que possui suas raízes plantadas na consciência.

Viver sem consciência, portanto, significa ser humano sem humanizar-se. E, talvez, não haja humanidade mais pobre do que ser humano sem consciência, uma vez que só a consciência pode tornar alguém realmente humano. Viver sem consciência é privar-se da capacidade de conferir sentido, faculdade, essa, que somente o ser humano possui e que, quando desenvolvida, só ela pode torná-lo tão humano a ponto de chegar a alcançar níveis tão altos de si mesmo, podendo assemelhar-se com o que é divino.

No entanto, consciência não se injeta em ninguém. Ela precisa ser despertada. O humano, por si mesmo, na sua mais pura essência, encontra-se no inconsciente de cada um. Ele só precisa ser acordado. No âmago mais profundo de cada ser dorme a consciência de si mesmo esperando ser acordada. E a humanidade intuiu essa necessidade. Foi percebendo, ao longo do seu fazer-se humana, que aquilo pelo que ela mais anseia de si mesma existe já como potencialidade em algum "lugar", mesmo que ainda desconhecido. E, assim como cada ser humano anela por tornar-se consciente, a humanidade também geme, esperando a sua plena revelação. Em vista disso, ao longo de sua história foi intuindo vários caminhos que a pudessem conduzir ao seu despertar. Como são antigos entre vários povos, por exemplo, os ritos de passagem são formas de despertar o humano. A dança, a arte, a música, o falar, o desenhar, a escrita, e, em seguida, a matemática, a astrologia, e as várias ciências, assim como as diferentes tradições com suas práticas espirituais ou religiosas, foram todas formas de despertar o humano, umas mais espontâneas e, outras, provocadas.

Todavia, nem sempre a humanidade cumpriu essa tarefa da maneira mais eficaz. Nem sempre fez ciência com consciência. Muitas vezes, agiu como se nunca houvesse tido um pingo de consciência. Em algumas épocas, foi mais intuitiva, abrangente, carregando com maior inteireza a noção das experiências vividas. Outras vezes, foi mais racional, rígida, dissecadora e, portanto, muito parcial, desenvolvendo assim certos aspectos mais, e esquecendo outros. E a partir disso foi, também, criando conceitos sobre o humano, algumas vezes, contemplando a mais ampla gama de suas dimensões e, outras, encarcerando-o demais nos labirintos do raciocínio humano, reduzindo-o a conceitos extremamente mecanicistas, sustentados, inclusive, por paradigmas que não engendravam o poder de abraçar a totalidade das dimensões humanas vividas pela humanidade.

Mas não ficou sem deixar seu preço: a desumanização da humanidade. E com ela houve a descaracterização da consciência humana. Quando se perde a visão do todo, seja na ciência, nas filosofias ou mesmo numa tradição, é o próprio humano que se fragmenta, pois lhe é tolhida uma de suas dimensões mais nobres que é a noção de inteireza que sua consciência espera. Talvez, seja essa a fonte de muitos males da humanidade de nossa época. E aqui podemos elencar todos aqueles tipos de fenômenos humanos que caracterizam o mal-estar humano da sociedade atual, expressos nas mais diferentes formas de doenças físicas, psíquicas e espirituais deste tempo. A humanidade vigente é uma humanidade que dói, que experimenta a escassez humana nos mais diferentes sintomas dessa dor. Embora a ciência, a própria medicina, a psiquiatria e a psicologia, como também as religiões, tenham se desenvolvido muito e se esmeram em encontrar caminhos para o bem-estar humano e a felicidade das pessoas, continuamos colhendo experiências de muito sofrimento.

A humanidade faz a experiência de sentir a alma doer. É como se, ao humano, houvessem lhe roubado um pedaço, deixando um vazio, que por mais que se lute por preenchê-lo, e com as mais diferentes possibilidades, mesmo que imediatas, tanto mais parece aumentar a sensação de escassez. No mesmo instante, em torno desse mal-estar se organizam formas de socorro, também imediatas, normalmente, através de práticas e procedimentos de combate direto ao sintoma. Tanto no campo físico quanto no psíquico e espiritual, busca-se diminuir a dor, aliviar o desconforto, reduzir a angústia. É só observar o número de farmácias que se estabeleceram em nossas cidades, a multiplicidade de consultórios psicológicos que foram abertos, e os inúmeros centros religiosos ou espirituais que se instituíram nessa época. A maior parte deles trabalha para diminuir a dor humana. Muito úteis. De grande validade. Seria bem pior sem eles. Mas não há um aporte contundente sobre os fenômenos. São poucos os que se perguntam sobre o significado desses. E, assim, ficamos nas mesmas perguntas de sempre: quando é que vai cessar o sofrimento humano? Quando é que se resolverá o enigma da alma humana? Existe a possibilidade de uma humanidade mais sadia, mais alegre e mais inteira? Talvez seja preciso mudar o objeto das perguntas. Pois, qual é a verdadeira humanidade? Aquela sem dores ou aquela consciente de todos os seus processos, mesmo aqueles mais doloridos? Aliás, será que existe a possibilidade de uma humanidade sem dor? Será que doer é o mesmo que sofrer? Quando é que a dor faz sofrer? E quando é que ela conduz à cura do sofrimento, mesmo que através do ser que padece? Há um caminho que humaniza o humano que precisa passar necessariamente pela dor? Enfim, o que fazer com essa dimensão antropológica para que ela seja fonte de despertar do humano? A impressão é de que certos aspectos do humano só se revelam quando passam pelo fenômeno da fragilidade humana.

É nesse contexto que nasce a ideia deste livro. *A ferida original* não quer fazer nenhuma alusão àquilo que se chamou no cristianismo de pecado original. Partimos do pressuposto de que todo ser humano carrega uma ferida que se formou logo no começo do existir humano. Todos nós, mais cedo ou mais tarde, fomos feridos de alguma forma. Quando alguma coisa, ou vários pequenos fatos, nos aconteceram a ponto de nos decepcionar muito. Foi quando descobrimos que o mundo não era assim maravilhoso como parecia e que as pessoas não eram tão queridas como se mostravam. Foi quando tivemos a sensação de termos perdido um pedaço de nossa alma. Em cada um, essa experiência tem sua história e particularidades próprias. E em cada um ficaram suas marcas. E, de lá em diante, cada um também "se organizou" no intuito de não mais sofrer, de não se machucar novamente e de evitar qualquer tipo de experiência que pudesse recordar ou repetir essa mesma dor. E dali em diante fomos crescendo e fazendo uma triagem para separar em nós o que pode ser mostrado e o que precisa ser guardado, o que pode ser dito ou não, o que pode ser aceito ou rejeitado.

Cada um carrega as marcas dessa ferida vida afora. Em algumas pessoas isso se expressa em forma de tristeza, em outros, em forma de raiva externada pela agressividade, ativa ou passiva. Em outros, em forma de medo. Para outros, essa marca tem expressões de ansiedade, às vezes, de profunda angústia. Portanto, são várias as formas de expressão da ferida. Há os que não se dão conta da dela, pois se acomodaram a ela e se adaptaram, pagando o preço de uma vida morna, sem grandes dores, mas também sem muitos encantamentos. Adaptaram-se a esse mundo e se contentaram com o pouco que a vida lhes oferece, mesmo que escassamente. Há, também, os que se incomodam muito com essa dor e estão sempre em função dela, sem nunca sair dela. São os que não conseguem mais viver sem a ferida, ela se tornou parte da própria identidade. Esses dificilmente se livrarão dela. Mas há, também, aqueles que se importam muito com ela e não a deixam nunca em paz. Eles a seguem, prestando atenção às suas formas de expressão, anseiam por descobri-la desde a sua origem. Podem passar uma vida toda em função dela, mas não se acomodam a ela, vivem aprendendo dela, descobrindo seu papel na vida deles, observando-a no todo de si mesmos e, assim, conseguem conferir sentido a ela.

São os que a tornam "sagrada". Esses, seguindo a trilha da ferida original, são os que fazem dela um caminho de reencontro com a própria alma. Assim, descobrem que ela foi uma dor necessária, uma dor essencial, e que sem ela não seriam o que são. E, então, acontece com eles a verdadeira, e tão almejada, cura da ferida, a qual é original não por ser uma marca eterna, mas por estar na origem do caminho da alma.

Esse livro se propõe a fazer exatamente esse percurso: tratar da ferida original como via de descoberta do humano que habita em cada indivíduo. Como aprender a abraçar a si mesmo sem se desfazer de nada da própria história, no intuito de perceber na totalidade do próprio ser o significado e a razão pela qual cada um veio a esse mundo. Com base nos escritos de Hillman, reforçamos o princípio de que cada um já vem com um chamado recebido desde a sua origem e que tudo, inclusive as feridas e os vazios, fazem parte dessa essência original, e que a felicidade depende de quanto a alma sente de estar sendo compreendida e respondida, portanto, nos seus anseios mais profundos de realizar o propósito pelo qual veio.

Em vista disso, inicialmente, fazemos um rápido apanhado geral da constituição humana, propomos uma visão abrangente dos fenômenos humanos, com base na psicologia integral, que olha para os sintomas dos fenômenos humanos como caminho de descoberta da alma, e as características da personalidade humana de cada indivíduo como expressões de seu ser integral. Fazemos uma descrição do que entendemos por ferida original, suas manifestações e como segui-la para compreender melhor a si mesmo.

Ressaltamos a importância do "mestre", que caminha do lado, auxiliando o discípulo no percurso da jornada de descoberta do seu ser através da ferida original. Apresentamos, em seguida, várias mediações que podem facilitar as expressões do ser, nas suas mais ricas e variadas formas, exercícios e práticas de cultivo espiritual que ajudam a manter a alma em contínua comunhão com o Grande Ser, propondo uma possível ligação entre psicologia e religião ou entre psicologia e espiritualidade/mística no que diz respeito à compreensão, ao despertar, e ao cultivo do ser humano. Enfim, oferecemos uma proposta de educação a partir dessa visão de totalidade do ser e do despertar do humano que está em cada um, dando importância à sua história pessoal e individual como casa do próprio mistério. Julgamos encontrar na tradição hesicasta do cristianismo antigo – que tem como fundamento o silêncio, a quietude, e o coração como centro da amorosidade – as bases para essa forma de educação que dá prioridade ao cuidado do cuidador enquanto agente do despertar humano, que ensina a partir de quanto se conhece e se é eficaz na sua atividade de educador, na medida em que alcança a profundidade de si mesmo através do silêncio e da prática da amorosidade. Nesse sentido, entendemos que educação e terapia andam juntas, e que educar é também despertar a capacidade de cura que cada indivíduo possui. Por fim, propomos algumas práticas que envolveria a verdadeira educação hesicasta e fazemos uma breve explanação do que é o Centro Holoikos de Educação Integral como espaço concreto de Educação Hesicasta.

O nosso desejo é que a volta à *Ferida Original* possa ser uma jornada vivida por todos aqueles que encontrarem esse livro, a fim de que descobrindo a razão pela qual vieram, possam também compreender o sentido e o valor de tudo o que foi vivido até esse presente momento e, assim, pisem com confiança todos os passos do caminho que ainda restam para serem caminhados. Boa jornada!

1
O SER QUE SE TORNA HUMANO

Foi através de um longo e belíssimo processo evolutivo que a espécie humana veio se construindo substancialmente como humanidade, desde os seus mais remotos e primitivos comportamentos até alcançar o que é vivido hoje num estilo completamente distinto do que era no começo, mas profundamente marcada por tudo aquilo que experimentou desde a sua origem.

No começo, era o físico, o cérebro reptiliano, o tronco cerebral com o cerebelo, comandando as várias funções vegetativas através da medula, percebendo desde já, no entanto, a noção do que é ter fome e ter medo. Era uma primeira noção do emocional.

O primeiro grande salto evolutivo foi o da passagem de uma constituição biológica puramente reptiliana e visceral – a da autonomia física produzida através do mecanismo da repetição –, para aquela que se acorda após o surgimento biológico do sistema límbico, do sangue quente, da vibração energética e emocional. Esse salto é fundamentalmente importante, pois sabe-se que através dele é alcançada uma nova instância humanitária e de qualidade altamente distinta de todos os seres vivos do planeta. É dali em diante que começa a aparecer o mundo dos sentimentos, o qual será ampliado mais adiante com o fazer-se biológico do córtex cerebral – principal responsável pelo surgimento do mundo da razão e do pensamento humano, embora, com sua origem já há mais de cem milhões de anos. A humanidade, a partir de então, não somente sente, mas pode também interpretar o que sente, pensar no que sente e compreender o que é vivido. É a parte do cérebro que abraça (fisicamente também) as duas mais antigas, responsável inclusive pela capacidade de adaptação fácil, do planejamento antecipado e de emoções nobres como a compaixão e o altruísmo. É a particularidade humana que não só experimenta, mas também pode compreender-se ao experimentar. Não simplesmente vive, mas revive o que vive. É a possibilidade humana de transcender o vivido e, inclusive, alcançar a origem da vida através da compreensão do significado.

Os três cérebros juntos formam uma unidade bem intrincada, mas são, ao mesmo tempo, três sistemas independentes que interagem sob o comando do eu individual, grande maestro dessa harmonia. Em cada ser humano que é gerado, naturalmente, instaura-se esse triângulo cerebral, surgindo, embora, cada um a seu tempo.

O cérebro visceral, segundo os cientistas, dá-se logo no fim da gravidez e no início da vida, após o nascimento; em seguida, a criança vai precisar do sistema límbico para aprender a se relacionar afetivamente, o que se estabelece já nos primeiros anos de vida. Embora biologicamente o neocórtex vá se estruturando desde o início da vida da criança, ele vai realmente começar a exercer sua função lógico-racional somente mais tarde, lá pelos sete anos, se social e adequadamente estimulado desde o início, culminando lá pelo início da adolescência, segundo Piaget.

Por isso, o mundo dos sentimentos humanos é bem mais velho do que aquele do pensamento. As emoções são muito mais antigas na humanidade do que a capacidade racional de abordar sobre elas ou de lidar com elas.

Mas, mesmo assim, com o surgimento da capacidade de se emocionar e não só de viver biologicamente a vida, instaura-se um novo e mais caloroso modo de vivenciar o existir. Surge todo o movimento que perpassa o viver, deixando marcas de uma memória histórica. Memória essa que não será tão somente genética, mas também afetiva. E com ela se estabelece na humanidade a possibilidade de sentir a vida, de experimentá-la na sua magnitude e profundidade. Antropologicamente, esse processo é como se fosse um rio humanitário que começasse a jorrar. Há, sim, como desde o início, uma continuidade e reprodutividade biogenética, mas agora a vida é aquecida e envolta por toda uma gama de sentimentos que, enquanto essa vai acontecendo, também, automaticamente, produz uma espécie de "substância humanitária". Isto é, começa-se a produzir humanidade a partir do que é vivido. Essa, por sua vez, é guardada ou registrada nos memoriais humanitários, que C.G.Jung chamou de inconsciente coletivo, levado adiante como que por códigos inconscientes por todos os seres humanos da terra. Isso faz com que todo ser humano ao nascer não tenha que começar tudo de novo, desde o início, ele simplesmente entra no rio da humanidade.

Claro que, no começo, a dimensão da vida ou da consciência dela, era ainda muito estreita. A dinâmica ainda era muito primitiva: "atacar se possível ou fugir se não dá". Pois ainda não havia um pensar sobre o que é sentido. A consciência desse "fazer-se humano" ainda não existia. Isso só viria mais tarde com o desenvolver-se do terceiro cérebro. Então, sim, haverá um jeito de posicionar-se sobre a vida e suas emoções, projetá-la, revivê-la através da memória consciente, interpretá-la, atribuir significados, fazer escolhas, enfim, tomar posse do existir e viver conscientemente. Mas isso só viria bem mais tarde. No entanto, quando a razão começava a fazer parte do existir humano, a humanidade já existia há muito tempo, embora muitos estudiosos admitam existir humanidade somente a partir da formação do terceiro cérebro.

O misterioso mundo dos sentimentos

Uma das mais belas características humanas, a meu ver, é a capacidade de sorrir e, consequentemente, a de chorar. É difícil ver algum animal que sorria, embora eu saiba, por exemplo, quando é que o Darwin, nosso cachorro, está sorrindo. Pois, sorrir é caracteristicamente muito humano. Mas, mesmo que possamos ver animais que choram, chorar é sempre uma expressão bem mais humana. Talvez, os primeiros sentimentos tenham sido somente esses dois: sorrir e chorar. Assim sabia-se que quando alguém sorria, esse ser (humano) estava internamente bem; e, se chorasse, estaria passando por alguma coisa desconfortável.

Com o passar do tempo, o sorriso humano também foi se tornando um processo sofisticado e ambíguo. Stefan Klein, um pesquisador alemão sobre a felicidade, em seu livro *A fórmula da felicidade*[1] relata uma interessante pesquisa sobre o sorriso humano. Segundo ele, reportando-se a uma pesquisa do americano Paul Ekman, existem 19 maneiras de sorrir. Dezoito delas são formas de mascarar os sentimentos ou produzidas com alguma finalidade utilitária, que inclusive têm expressão facial bem diferente daquela do único sorriso con-

---

1. KLEIN, S. *A fórmula da felicidade*. Rio de Janeiro: Sextante, 2005.

siderado genuíno. Diferente do caso dos sorrisos utilitaristas, onde particularmente o músculo zigomático é acionado, no sorriso genuíno os cantos da boca se erguem, as pálpebras se apertam, surgem as rugas no canto do olho e as partes superiores das maçãs do rosto se elevam sutilmente. Para Ekman, somente esse sorriso expressa a verdadeira felicidade, ao que ele chamou de "doces movimentos das emoções da alma".

Provavelmente, sorrisos utilitaristas são aqueles que mascaram algum tipo de dor humana. Eu imagino que o sorriso mais genuíno deve ser ainda aquele dos primeiros anos de vida. Como é bonito ver uma criança sorrir! Ela é a expressão de uma humanidade contente, feliz, sadia, fluindo como um rio de águas límpidas e cristalinas. Mas como dói ver um adulto chorar. É como se ele simbolizasse naquele instante a dor da humanidade ferida. Nesse sentido, tanto a alegria do infante inocente quanto a dor do adulto marcado pela vida, representam arquétipos de toda a humanidade. Pois é a partir do sorrir e do chorar que se desfolham os vários tipos de sentimentos humanos que, atualmente, inclusive, temos bem definidos e claramente nomeados através da ciência da psicologia.

Ao redor da imagem do ser que sorri se reúnem todos aqueles sentimentos agradáveis que conhecemos, assim como em torno da imagem do ser que chora estão aglomerados todos aqueles sentimentos desagradáveis, expressões conhecidas do sofrer humano.

Para o ser que é humano, rir e chorar normalmente são expressões que vão além da sensação física. Facilmente, os animais choram por uma dor física, o ser humano não. Choramos ou rimos por alguma sensação da vida. Conforto ou desconforto humano é resultado da noção que temos do existir naquele momento em que existimos. Rir e chorar estão intimamente ligados com a interioridade do ser, são expressões de como a vida é sentida no seu teor intrínseco e até moral. O riso está em relação com a vida sentida de forma mais plena e segura, ao passo que o choro facilmente é expressão de alguma escassez existencial.

Veja, por exemplo, o que é o sentimento da *alegria*. Alegrar-se é muito mais que estar contente. Contente eu posso estar por ter ganhado um presente ou por ter conseguido um bom emprego, mas a alegria é muito mais profunda do que isso, pois ela perpassa o ser inteiro e vem do profundo de alguma segurança básica que o ser adverte como uma espécie de garantia do existir. O ser alegre experimenta a vida como se ela estivesse nas mãos de um gigante invencível, de alguém poderoso; e esse gigante não necessariamente precisa ser um outro, pode ser tanto Deus quanto a própria pessoa. É ela que se sente em poder da existência. É que, na verdade, não tem muita diferença, quem tem Deus, tem a si mesmo, e quem tem a si mesmo, no mais profundo, tem-se em Deus.

Junto com a alegria, portanto, anda a sensação de ser garantido, amparado e protegido. São necessidades que o ser mais precisa para poder viver. É incrível quanto as pessoas que sofrem têm medo da vida e não sabem. Temos muito medo de nos perder, de nos machucar, de nos confundir, e de morrer sem nos encontrar. Experimentamos alegria, portanto, sempre que nos sentimos profundamente amparados e protegidos. É por isso que, normalmente, quando estamos alegres também nos habitam outros sentimentos agradáveis, como: satisfação pela vida dos outros; regozijo pelas surpresas da vida; esperança com o que vem pela frente; confiança nos sonhos que temos; gratidão pelo que nos acontece; facilidade em perdoar quem erra conosco; e sentimento de humildade diante de quem precisa. Quando se está alegre, tudo pesa menos, e não custa nada fazer o bem a quem quer que seja. É que a alegria faz ver o lado luminoso e amoroso que todas as coisas, todas as pessoas e todos os eventos possuem.

Por outro lado, analisemos o que acontece com o sentimento da *tristeza*. Tristeza é muito mais do que estar descontente. Posso estar descontente com alguma coisa que eu esperava que acontecesse e não foi como eu imaginava. Queria um aumento no salário, mas não aconteceu agora. Queria poder viajar, e não tive condições de fazer durante essas férias. Esse descontentamento logo passa e se resolve. Se estamos realmente tristes, temos a sensação de termos sido roubados na alma, é como se um pedaço de nós tivesse se desprendido.

Por trás da tristeza está a sensação de a vida estar em xeque. Uma advertência de o ser estar sendo desprotegido, vulnerável, sozinho diante do existir. Se observarmos bem, quando estamos tristes vamos logo notar que aquilo que nos entristece não é nada objetivo, não é um fato, não é uma pessoa, nem uma perda, estamos tristes por sentir a vida ameaçada, sem ninguém por nós, sem uma garantia de existência. Normalmente, quem está triste está também solitário. Solidão é somente outro nome para a tristeza. E dali surgem todos os outros sentimentos parentes da tristeza, como: o medo, a raiva, a inveja, a ansiedade, os devaneios sexuais, a gula, e até mesmo o narcisismo e a preguiça. No entanto, o que está bem por trás de uma grande tristeza é um profundo sentimento de frustração em relação ao existir. É como se a razão pela qual viemos nos tenha sido roubada, como se o caminho que precisamos trilhar para alcançar o objetivo mais nobre do existir esteja sendo fatalmente impedido.

O que mais tememos na vida, lá, bem no fundo de nós mesmos, é a ameaça de não poder ser quem somos e de não realizar o que mais desejamos. Por isso, quando estamos tristes fazemos de tudo para buscar de volta aquele estado de maior leveza e apaziguamento da vida. Temos medo de tudo o que pode nos roubar o resto de alegria e segurança que temos, e colocamos uma cara de mansos e gentis. Sentimos inveja de tudo e de todos aqueles que parecem ser melhores e mais alegres do que nós e respondemos a eles com elogios excessivos. Comemos tudo o que há pela frente para ver se o vazio que sentimos por dentro é preenchido pelo que ingerimos. Mostramos não querer nada, como se estivéssemos de bem com a vida, comendo, bebendo, dormindo e nos divertindo por nada fazer, para dizer que estamos serenos e em paz, mas muitas vezes estamos entregues aos vícios ou passivamente agressivos com a vida, que parece não nos dar nada em troca de tudo o que fazemos. Mostramos uma cara de bem-sucedidos e aparentemente alegres e fortes para negar a nós mesmos, diante dos outros, que nos sentimos pouco ou nada. Muitas vezes, vivemos como palhaços, rindo de tudo e de todos para espantar a realidade da vida que se apresenta triste. É verdade quando se diz, popularmente, que "o palhaço é triste", ele está sempre fazendo teatro diante dos outros na expectativa de obter um pouco de atenção e de conforto. Corremos constantemente, fazendo tudo e mais um pouco, com a maior rapidez do mundo, e ainda deixamos de dormir o suficiente para dar conta de tudo o que temos programado, inconscientemente, para confirmar o que pensamos sobre a vida: que ela é dura, exigente, e pode nos fazer vítimas dela se não formos com frequência controladores de tudo.

Enfim, se olharmos bem, de fato, como disse, existem basicamente apenas dois sentimentos humanos: a alegria e a tristeza. Desses dois, decorrem todos os outros. Existe o rir e o chorar, o abrir-se e o fechar-se, o expandir-se e o recolher-se, o brilhar e o ofuscar, o iluminar e o escurecer, o amanhecer e o anoitecer. É que, por trás de todo sentimento há um desejo. E conhecer o desejo é reconhecer o sentimento. Enquanto o desejo não vier à tona, não saberemos bem o valor e o sentido do sentimento vivido. Há uma expectativa do ser que se revela através do que é sentido, agradável se parece responder aos desejos do ser e desagradável se o desejo não estiver sendo reconhecido e alimentado.

O sentir e o desejar

Quando o ser humano começa a sentir, assim como vai chorar e sorrir, também vai ter de entrar em contato com seu desejar. Desejar é, também, uma das grandes e fabulosas dimensões humanas. Carregar um desejo é descobrir-se animado por uma grande potência interior. Quem tem desejos, tem a vida desperta, pois desejar é essencialmente vital para o existir. Nesse sentido, a tristeza é o desejo ferido, e a depressão pode coincidir com a morte do desejo. Ao contrário, quando alguém está alegre está com a vida afinada com o desejo.

Mas o que seria realmente esse desejo? Claro que existem muitos desejos. No entanto, o desejo do qual estamos falando não consiste num simples desejar, tem a ver com algo fundamentalmente significativo, com a chama essencial, que arde desde a origem humana e no âmago mais profundo de cada ser. Não há quem não o carregue. Ninguém foi feito sem ele, todos fomos feitos por ele, existimos através dele, assim como nada é feito sem ele. O desejo humano é o transbordar da fonte geradora da vida, a expressão do manancial original, a corrente da grande nascente, que em cada ser existe como um copo de água retirado de um grande e inesgotável oceano, não há como ficar longe dele e continuar a viver, não há como ignorá-lo sem sentir uma grande escassez. Adoecemos por ele e nos curamos através dele. Perdemo-nos por causa dele e nos reencontramos somente por meio dele.

A grande intenção da humanidade para a qual todos vieram consiste em identificá-lo, reconhecê-lo, abraçá-lo e cultivá-lo, alimentando-o todos os dias da vida. E sempre que nos alegramos é nele que isso acontece, assim como sempre que nos entristecemos é através dele que reconheceremos a razão de nossa tristeza. Sempre que adoecemos é o desejo que acaba estando ferido, e sempre que evoluímos é o teor dele que se transforma, se qualifica e se enriquece.

Conhece-se o ser humano a partir do seu maior desejo. Por ele é que se mede a sua grandeza e profundidade. Não há como abordar o humano em cada um sem necessariamente passar pela intensidade do desejo. Conheço pessoas que ardem de desejo, e não são, normalmente, aquelas que estão na meia idade, pois o desejo se mostra límpido e transparente – num primeiro momento, mesmo que ainda inconsciente – nos olhos dos pequeninos e, depois, nos mais velhos, isto é, naqueles que não só o carregaram dentro de si ao longo do percurso da vida, mas que também o reconheceram e alimentaram, polindo-o e purificando-o de qualquer outro tipo de desejo inconsistente, para poder reaproximar-se do grande manancial na sua maior originalidade possível, mas agora com as marcas de quem tem passado pelos vales da humanidade.

Reconhecer o desejo

Uma das coisas que mais as pessoas insistem em saber quando falamos do desejo último é como se faz para reconhecer o desejo. Elas perguntam: como é que eu sei quando o meu desejo é fundamental? Como faço para distinguir esse desejo dos outros desejos? Como saber que esse é o meu grande desejo e não outro? Normalmente, o grande desejo de nossa alma não se apresenta de forma clara, única e definida. Há uma constelação de diferentes desejos que formam a teia do grande desejo. Eu me lembro, a título de exemplo, de quando eu era pequeno, como se configurava o meu desejo. Eu, bem cedo, me lembro de como queria muito ser padre. Mas sabe por quê? Engraçado, eu adorava ver o pároco da minha capela falando com as pessoas naquela casinha (o confessionário) e falando com as pessoas, explicando coisas que ele sabia (fazendo a homilia da missa). Na época, não entendia bem por que é que eu tinha esse desejo. Mas, com o passar do tempo fui me dando conta de que, embora eu tenha me tornado padre, podendo então exercer o serviço da confissão e interpretação da Palavra, acabei me formando em Psicologia com doutorado em Educação e podendo, inclusive, clinicar num consultório de aconselhamento psicoespiritual ou fazendo palestras para educadores, empresas ou grupos de pessoas que também têm esse mesmo anseio de se aproximar de si mesmas, reconhecer quem realmente são, compreender o desejo que carregam e viver por ele. Não é engraçado?

Veja como é essa dinâmica do desejo: ela se manifesta desde cedo e das maneiras mais estranhas possíveis e, aparentemente, insignificantes. Vale a pena ler a história de si mesmo a partir da dinâmica do desejo inicial!

No Holoikos[2], tanto como professores nos cursos e retiros quanto como terapeutas e orientadores espirituais, ajudamos as pessoas que nos procuram a descobrirem o seu desejo convidando-as a observar atentamente o seu tempo de criança. Do que é que elas mais brincavam, do que mais falavam, e o que diziam querer ser quando fossem grandes. Isso é a vocação. *Vocare* significa, exatamente, chamar. O desejo é um chamado. Não uma voz que vem de fora, mas uma inspiração interna que, quando encontra fora qualquer coisa que se assemelhe a ela, qualquer sinal que relembra aquela voz interior, faz vibrar todo o ser e acordar o espírito inteiro da pessoa, como que confirmando o valor da existência.

---

2. *Holoikos* – Centro de Educação Integral, espaço onde as pessoas aprendem a se conhecer e a ver-se com mais inteireza, através do silêncio, da meditação, dos ritos, da reflexão, do estudo e da celebração, imersos na natureza, no intuito de descobrir sua missão no mundo e exercer com amor e confiança seu propósito de vida.

2
OLHAR DE HORIZONTE AMPLO

As experiências de regressão mostram claramente que quando o indivíduo revive o momento de sua fecundação, podendo assim observar e compreender o sentido bem profundo de seu ser guardado no inconsciente, no exato momento da união entre o óvulo e o espermatozoide, principalmente aqueles cujos pais no instante da relação estavam serenos e bem presentes com seus seres, acontece como que uma explosão de luz e do meio dela o indivíduo ouve como que uma voz que o convida à vida e, dando-lhe inclusive uma missão a ser cumprida nesse mundo, não um destino, mas um propósito para a existência. E isso fica lá guardado. E daquele momento em diante, quanto mais o indivíduo permanecer unido ao próprio eu tanto mais ele se aproximará desse grande propósito.

A originalidade do ser

O psicólogo James Hillman, fundador da psicologia arquetípica, em seu livro *O código do ser*[3] descreve clara e objetivamente a esse respeito dizendo que, como a semente do carvalho

---

3. HILLMAN, J. *O código do ser*. Rio de Janeiro: Objetiva, 1996.

quando jogada na terra contém já todos os códigos do que é e como será a árvore do carvalho ao crescer e se tornar adulta, assim também é para o ser humano. Segundo ele, cada um de nós já traz em si as marcas do ser que se tornará ao desenvolver-se: "cada pessoa entra neste mundo tendo sido chamada"[4.] Apoiando-se na filosofia grega, Hillman assim descreve o que entende com a alegoria da semente do carvalho, atribuída à alma humana enquanto chamada a ser o que já é na sua essência:

> A ideia vem de Platão, de seu Mito de Er no final de sua obra mais conhecida, *A República*. Posso resumir a ideia. A alma de cada um de nós recebe um *daimon* único, antes de nascer, que escolhe uma imagem ou um padrão a ser vivido na terra. Esse companheiro da alma, o *daimon*, guia-nos aqui. Na chegada, porém, esquecemos tudo o que aconteceu e achamos que chegamos vazios a este mundo. O *daimon* lembra do que está em sua imagem e pertence a seu padrão, e portanto o seu *daimon* é o portador de seu destino. Como explicou o maior dos neoplatônicos, Plotino (205-270 a.C.), escolhemos o corpo, os pais, o lugar e as circunstâncias que serviam à alma...[5]

O ser humano, enquanto portador de seu próprio destino (o *daimon*), portanto, não seria alguém que estaria no mundo por acaso ou de modo aleatório. Na sua semente, desde o começo, ele já é alguém irrepetível, escolhido, profundamente significativo para o Todo da Realidade Universal e com um propósito objetivo. Em palavras bem comuns, ele não é o que é por acaso. No todo de tudo, se ele não existisse, estaria faltando uma parte do Todo, que comprometeria, inclusive, a totalidade do Real.

---

4. Ibid., p. 18.

5. Ibid.

O ser humano enquanto processo

Na sua visão antropológica Hillman vai muito mais além de uma concepção de ser humano que supervaloriza a influência do meio, da educação familiar ou das heranças genéticas. Também não dá muita relevância à patologia psíquica:

> A visão "traumática" dos primeiros anos controla de tal maneira a teoria psicológica da personalidade e seu desenvolvimento que o foco de nossas lembranças e a linguagem que usamos para contar nossa história já estão contaminados com as toxinas de tais teorias. Talvez nossa vida seja menos determinada pela infância do que pelo modo como aprendemos a imaginar nossa infância. Somos [...] menos prejudicados pelos traumas infantis do que pelo modo traumático como nos lembramos da infância como uma época de calamidades desnecessárias e com causas externas que nos moldaram errado[6.]

Ao contrário, ele ressalta a importância de que cada ser humano procure descobrir o seu *daimon*, aquilo que é marca intrínseca do seu ser, de sua individualidade, de seu mistério único, e desenvolva plenamente o todo de si mesmo, atualizando, assim, a sua história, em cada instante do percurso de seu eu pessoal. Explicando os objetivos do livro *O Código do ser*, Hillman se pronuncia dizendo querer recuperar uma imagem de ser humano mais abrangente que, segundo ele, as psicologias anteriores haviam estragado:

> Portanto, este livro deseja consertar um pouco desse estrago, mostrando o que mais havia, o que mais há, em sua natureza. Deseja ressuscitar as inexplicáveis reviravoltas que desviaram seu barco nos rodamoinhos e baixios da ausência de significado, levando

---

6. Ibid., p. 14.

você de volta aos sentimentos do destino. Pois isso *é* o que se perde em tantas vidas, e o que precisa ser recuperado: um sentido da vocação pessoal, de que existe uma razão para eu estar vivo. Não a razão de viver; não o sentido da vida em geral nem uma filosofia de fé religiosa – este livro não pretende dar essas respostas. Mas ele fala aos sentimentos que existe uma razão por que minha singular pessoa está aqui e que há coisas de que preciso cuidar além da rotina diária, e isso deve dar uma razão de ser a essa rotina, sentimento de que o mundo, de certa forma, deseja que eu esteja aqui, que responda a uma imagem inata que estou preenchendo em minha biografia[7.]

De fato, na sua originalidade, o ser que carrega as marcas que lhe são próprias, não tem outra tarefa mais importante que reconhecer-se na sua totalidade, inclusive nas suas escassezes, nos seus "desvios" do chamado e nas suas feridas. Então, nada será descartável. Nada é sem importância. E nada poderá ser ignorado:

> Mais cedo ou mais tarde, alguma coisa parece nos chamar para um caminho específico. Essa "coisa" pode ser lembrada como um momento marcante na infância, quando uma urgência inexplicável, um fascínio, uma estranha reviravolta dos acontecimentos teve a força de uma anunciação: isso é o que devo fazer, isso é o que preciso ter. Isso é o que sou. [...] Se não tão forte e categórico, o chamado pode ter sido mais como pequenos desvios no curso que você seguia sem saber por que, levando-o para um ponto determinado da margem. Olhando para trás, você sente que houve um dedo do destino[8].

---

7. Ibid.

8. Ibid., p. 13.

Num primeiro momento parece que Hillman acentua a questão do destino, tão discutida por algumas correntes filosóficas e espirituais; como se houvesse uma espécie de determinismo aprisionador da alma humana. Mas, na realidade, o que ele quer dizer é que quando o ser humano for capaz de olhar para a própria realidade vivida, tentando compreender a totalidade de sua história pessoal, a partir de uma visão de complexidade, vai perceber que tudo o que ele viveu, tudo o que foi experimentado pela sua alma faz parte de uma única trama reveladora de seu mistério pessoal.

Que tipo de psicologia?

No entanto, isso só é compreensível através de uma visão que transcende a realidade mais comum. Para essa compreensão, segundo Hillman, há que se mudar, inclusive, de paradigma, partindo, particularmente, para uma psicologia mais complexa, que vá além da visão clássica das teorias psicológicas de desenvolvimento da pessoa humana:

> Para descobrir a imagem inata precisamos pôr de lado os enquadramentos psicológicos que costumam ser usados, em geral desgastados. Eles não revelam o suficiente. Acertam a vida para encaixá-la na moldura: crescimento e desenvolvimento, passo a passo, da infância, passando pela juventude conturbada, a crise da meia-idade e da velhice, até a morte. Trilhando um mapa preestabelecido, você está num itinerário que lhe diz onde você esteve antes que você chegue lá, ou como uma estatística média prevista por um atuário numa companhia de seguros. O curso de sua vida foi descrito no tempo futuro. Ou, se não a rodovia previsível, então a "viagem" excêntrica, acumulando e espalhando inci-

dentes sem um padrão estabelecido, listando acontecimentos para um currículo organizado apenas por critério cronológico: isso veio depois daquilo. Uma vida assim é uma narrativa sem enredo, focalizando uma figura central cada vez mais tediosa, "eu", vagando no deserto de "experiências" esgotadas[9].

A visão abrangente observa os fenômenos e os interpreta, em vez de enquadrá-los em esquemas teóricos pré-estabelecidos. O percurso de cada pessoa é expressão do que estava na sua semente original. Inclusive aquilo que para a psicologia clássica tem expressões sintomáticas de um possível trauma, de um transtorno, ou até mesmo de uma patologia. Na visão do todo, tudo é parte da inteireza da pessoa e de seu chamado.

O inconsciente enquanto experiência

Essa linha de pensamento psicológico obviamente requer uma revisão de vários aspectos da psicologia. Exige particularmente uma nova noção de inconsciente que supere a estreita concepção de um simples contentor de experiências traumáticas reprimidas na infância. Em seu livro *Uma busca interior em psicologia e religião*, o próprio Hillmam deixa bem clara a visão de inconsciente que está por trás desse modo de conceber o ser humano. Para ele, o inconsciente é "a porta através da qual passamos para encontrar a alma. É por meio dele que os fatos comuns se tornam experiências que repentinamente adquirem alma, e a significação adquire contornos vívidos quando as emoções são despertadas"[10].

---

9. Ibid., p. 15.

10. HILLMAN, J. *Uma busca interior em psicologia e religião*. São Paulo: Paulus, 2004, p. 50.

Aquilo que Hillman chama de *daimon* está bem próximo daquilo que nós entendemos por alma. Aquele aspecto de mim – que embora tenha sua origem no todo, carrega as marcas do eterno, e como tal nos faz semelhantes a todos – é o mesmo que me faz ser somente eu, aquela parte de mim que só eu sou assim.

Psicologia e Teologia

Nessa maneira de conceber as experiências humanas, portanto, há lugar para um grande espaço humano: a sagrada inteireza, a profunda e larga intensidade humana chamada alma. É nesse espaço que o ser faz experiências, confere sentido a elas, comunica-se através do amor e tem implicação ou interesse religioso[11]. E a psicologia que abarca essa complexidade do humano é a mesma que não tem medo de andar de mãos dadas com a teologia, na tarefa de favorecer o ser humano a oportunidade de reconexão consigo mesmo, reconhecendo sua origem, sua individualidade e seu destino, contidos já na semente de seu ser. E o lugar em comum para essas duas ciências é a alma[12].

Claro que a teologia aqui mencionada é aquela que tem uma visão também mais abrangente, não aquela simplesmente dogmática, mas a que se aproxima mais leva em conta os aspectos simbólicos, místicos e que, por sua vez, conduz ao numinoso, que se expressa na fé de que tudo o que existe e acontece é expressão de Deus. Antes, como experiência, e só depois como conceito. Cada uma das ciências tem seus objetos de pesquisa e cuidado: para a psicologia a alma antecede a religião.

---

11. Ibid., p. 66.
12. Ibid., p. 38.

A importância da sintomatologia

Para uma antropologia que concebe o inconsciente como porta para a entrada na alma, os sintomas psicológicos também tomam uma nova importância: eles têm o poder de levar o indivíduo à descoberta de sua alma.

Ainda segundo Hillman, "os sintomas humilham. Eles relativizam o ego, rebaixando-o. A simples cura dos sintomas podem restituir o ego à sua posição anterior de domínio"[13]. Para o psicólogo inglês, há uma espécie de humilhação positiva que se aproxima da humildade religiosa quando um sintoma é vivido com presença consciente. Veja o que ele escreve:

> Se os sintomas conduzem à alma, a "cura" deles também pode "curá-la", livrando-a do que está começando a surgir, inicialmente de forma torturada e chorando em busca de ajuda, consolo e amor, mas que é a alma dentro da neurose tentando fazer-se ouvir, tentando impressionar a mente estúpida e teimosa – essa mula impotente que insiste em seguir o seu caminho obstinado e sem mudança. A reação a um sintoma poderia ser bem mais de boas-vindas do que de lamentações e pedidos de remédios, pois o sintoma é o primeiro escudo da psique que desperta, e que não quer mais tolerar nenhum abuso. [...] O que todo sintoma necessita é exatamente cuidado e atenção carinhosa. E é essa mesma atitude que a alma precisa para ser sentida e ouvida[14].

Essa concepção do sintoma como caminho de cura e do despertar da alma tem muita importância para aquilo que estamos querendo ilustrar a partir desse livro. Pois no caminho

---

13. Ibid., p. 56.

14. Ibid.

de descoberta de si mesmo a partir da ferida se faz muito necessária a atenção ao sintoma, ao vazio, em suma, às várias formas de desconforto, tanto físico, como psíquico e espiritual. Os desvios da alma diante dos obstáculos para a realização do chamado também pertencem ao código do ser da pessoa. Certo dia, uma senhora, conversando sobre a tristeza que ela estava percebendo tê-la visitado nesses últimos anos de vida, soltou uma expressão dizendo: "nessa época tem muitas pessoas que são tristes como eu!" Imediatamente eu respondi: "não, triste como a senhora, somente a senhora!" Ela ficou sem saber o que dizer, mas é exatamente isso: a tristeza numa pessoa tem as características que são somente dela, tem a ver somente com ela, pois a tristeza dela está na individualidade dela, somente. Isso não se chama de destino e nem mesmo pede resignação e conformismo. O que a tristeza está dizendo para ela é algo que só ela vai poder descobrir relacionando-a com aquilo que mais a alma dela está querendo expressar.

Enfim, é neste contexto antropológico que cabe uma reflexão sobre a ferida humana como caminho de descoberta pessoal. Eu acredito que somente quando o ser humano for capaz de ler a própria história a partir da visão complexa, aquela noção de que tudo está interconectado e de que tudo é parte de um inteiro significado – mesmo o que parece ter sido sem razão e muitas vezes enigmático ou trágico – é que será capaz de superar as dúvidas sobre si mesmo, obterá as curas para o seu ser e devolverá a alegria à sua alma. O caminho do reencontro consigo mesmo, seguindo a trilha das feridas da alma, é o mesmo que lhe trará a serenidade, que somente será possível, fazendo as pazes com a própria originalidade.

3
O SENTIMENTO FERIDO

Um dos caminhos para o reconhecimento da originalidade do ser, como já sugerimos, é aquele de seguir atentamente o desejo. Pois, nele, está um tesouro com o qual já tem se encontrado, mas que vai ter de reconquistá-lo através do viver no vale da humanidade. Bem-aventurados serão os que encontrarão logo cedo um ambiente e pessoas que têm o são e abençoado jeito de viver vinculados conscientemente ao mistério da interioridade humana, cuidando e alimentando esse mistério com grande zelo e fé.

Por que, então, recordar e observar a infância? Porque a alma da criança está ainda muito unida à grande fonte do desejo. Segundo Hillman, "precisamos prestar atenção na infância a fim de captar os primeiros sinais do *daimon* em ação, entender suas intenções e não o bloquear"[15]. A alma do infante é recente nesse mundo e, portanto, possui ainda muito presente as lembranças da consciência oceânica, da totalidade, do infinito, do absoluto e único, do tempo fora do tempo, em que ela era tudo na totalidade. Tudo está ainda muito vivo nela, mesmo que conscientemente já esteja quase tudo esquecido.

---

15. Ibid.

Vale apena observar aquelas que têm entre quatro ou cinco meses e três aninhos, no colo de seus pais ou de pessoas serenas e calmas, os olhos delas parecem não pousar em nada e o corpinho entregue ao colo, afetivamente ficam bem acomodadas. Logo se percebe que a criança, nesse instante, na sua essência, está além do tempo e do espaço, vivendo ainda sob o efeito da totalidade, da inteireza e da unicidade, num aparente sono, embora fisicamente acordada. Nesse instante, é como se ela voltasse à fonte de onde veio.

Com o passar do tempo, no entanto, aos poucos ela vai se firmando nesse mundo, engendrando um corpo com o qual também vai se identificando e se familiarizando. E é bom que isso aconteça para poder entrar nesse mundo onde a matéria é necessária para poder estar nele. O preço disso, no entanto, é que facilmente ela vai se distanciando da Fonte e permanecendo somente com o desejo que ela carrega, a gota d'água do oceano, correndo o risco de esquecer-se do grande oceano, ainda mais para aquelas cujo habitat é permeado por uma cultura extremamente materialista, onde as questões da interioridade humana são pouco lembradas e raramente valorizadas.

O que seria, concretamente, voltar à infância? É reconectar-se àquele tempo em que a essência era ainda muito pura. Lembrar os instantes de maior fluidez, de criatividade, de autoexpressão, da forma de dizer as coisas, de como se relacionava com as pessoas e principalmente notar quem eram as pessoas diante das quais se era mais livre, os lugares em que se sentia mais à vontade, as coisas que mais gostava de fazer e o que mais esperava ansiosamente acontecer.

Algumas pessoas têm dificuldades de se lembrar da própria infância. É porque deixaram de se conectar a ela. Com o passar do tempo se acostumaram em se identificar com experiências de cunho mais racional, de conquistas, de vitórias, de situações bem-sucedidas ou, para quem foi machucado logo cedo, às situações de maior sofrimento, de desvalorização e de baixa estima. Voltar à infância significa também revisitar a casa da solidão. Tomar parte da ferida. Segundo Hillman, "a solidão também pertence à infância. Essa solidão no coração de uma criança pode ser agravada por medo do escuro, castigo dos pais, rejeição dos colegas. Sua fonte, porém, parece ser a singularidade solitária de cada *daimon*, uma solidão arquetípica que a criança não tem palavras para exprimir e que nós também não conseguimos formular muito bem"[16].

Um belo jeito de reconhecer o próprio desejo, como já disse, é observar os sentimentos interiores. Pelos sentimentos reconhecemos como anda o desejo. Quando o desejo último está sendo contemplado e alimentado, também os sentimentos se apresentarão para confirmar a satisfação pela vida. Assim vale também para o contrário, quando o que fazemos não responde ao desejo interior, aos poucos vamos cansando e até podemos adoecer. Podemos observar isso facilmente no consultório e na orientação espiritual das pessoas. Na prática, não existe a doença psicológica. O que existe é a dor do desejo. Quando uma pessoa adoeceu psicologicamente com uma depressão, uma síndrome bipolar, com ataques de pânico, ou com um estresse, por exemplo, na maioria das vezes, é só observar, faz tempo que essa pessoa perdeu de vista a voz de seu desejo mais profundo. Perder de vista o desejo é perder-se no propósito da vida. Na linguagem de Hillman é distanciar-se do *daimon*, do chamado. Perder o propósito da vida é perder a

---

16. Ibid., pp. 65-66.

razão de existir. Então, essa não é uma doença psicológica. É uma dor espiritual. Uma doença profundamente ligada à raiz da existência, ao sopro do existir, ao hálito inicial.

Mas, como compreender, então, a doença psíquica? O psíquico é o "lugar" onde a vida é experimentada no ser. É através do âmbito psicológico que as moções espirituais se expressam, gerando uma base de maior ou menor segurança, confiabilidade e entrega. O equilíbrio interior psíquico nos vem, antes de tudo, dessa confiança básica que nos habita. Depois, sim, ele tem expressões psíquicas mentais, através das diferentes faces do sentimento. Uma pessoa que possui essa confiança básica bem estruturada terá mais facilidade de olhar para si mesma, para as pessoas e para o mundo com maior positividade, com esperança e com uma serenidade que a ajudará a tomar as decisões necessárias para poder atravessar esse vale da humanidade. Seus sentimentos normalmente falarão dessa alegria da vida, dessa motivação interior. Do contrário, quando essa confiança for abalada e a estrutura fragilizada, tanto mais facilmente a pessoa irá se deparar com sentimentos doloridos no percurso da vida. Surgirão as expressões da vida machucada, do desejo fragilizado.

A grande ferida

São inúmeras as expressões que revelam a face da vida machucada. Aliás, a vida machucada é o próprio desejo ferido. É a alma que não se sente compreendida, cuidada e alimentada pelo jeito que a vida está sendo vivida pela pessoa. É a gota d'água que, logo cedo ou com o passar do tempo, foi sendo distanciada da grande fonte. Pois bem sabemos que a única forma que existe de não deixar uma gota d'água secar é devolvê-la, o quanto antes, ao mar. Longe da fonte, sem ser alimentada, toda cisterna vai secar.

Normalmente, todas as pessoas nascem muito unidas ao seu ser, desde o começo. Mal sabem que um dia poderão ser feridas. Umas resistem engendrar um corpo e "decidem" logo cedo retornar à grande fonte. Não resistem ao impacto de ter de habitar um corpo e um mundo feito de matéria. As experiências de regressão mostram que, inclusive, quando alguém morre ainda no ventre materno isso não acontece sem o consentimento do bebê. É difícil para a alma que antes fazia parte de um único e grande Oceano, de uma única e inteira Realidade, ter agora de ser "reduzida" a uma existência muito estreita, limitada, finita e ter de viver na possibilidade de perecer. Por isso, parece que é sempre muito mais difícil nascer. Pois, nessa óptica, a sensação é que morrer é sempre um salto que nos joga de volta para a abertura, para a amplitude e para o infinito. Nascer, de qualquer forma, é sempre descender, ao passo que morrer é a possibilidade de ascender. No entanto, sabe-se que só quem arrisca descer é que poderá subir, assim como só quem subiu poderá descer sempre e sem medo.

Sempre me pareceu que algumas síndromes infantis são expressões dessa resistência da alma em ter de abraçar um corpo de matéria. Veja, por exemplo, o que é o *autismo*. O autista parece ser alguém que se negou manter relação com esse mundo, engendra um corpo sem abraçá-lo e está no mundo relacionando-se quase nada com ele. Observe também o que é portador da *síndrome de down*: parece alguém que decidiu não entrar na dinâmica racional de ver o mundo e do jeito mecânico de resolver as coisas. Alguém que está no mundo, mas não se deixou corromper pelo racionalismo egóico dele. Normalmente, os portadores dessa síndrome são muito afáveis, não veem maldade em nada e em ninguém, aliás, esses não cometem certos erros na vida que cometem os que se acham "normais".

Feridas na vida são inevitáveis, sem dúvida, mas é preciso compreender onde foi que elas aconteceram. Também, os que passaram pelos primeiros anos de vida sem grandes ferimentos, fazendo o percurso intrauterino com sucesso e entrando a fazer parte de um corpo sem tanta resistência, também eles, um dia, não muito tarde, experimentarão, quase que inevitavelmente, uma grande decepção que os ferirá. É quando se darão conta de que o mundo em que estão não é assim tão maravilhoso como parece e que as pessoas que os amam e os cuidam não são assim tão queridas e perfeitas como prometiam. É quando chega a hora de fazer o "rito de passagem" para a cruel realidade de um mundo que, nos moldes culturais materialista e imediatista, se apresentará completamente estranho e diferente daquele original do qual a alma proveio. Esse confronto dificilmente se dará depois dos dez anos, ele chega no ápice da idade em que a alma está quase adaptada a esse tipo de existência, num período crucial de transição. Quando a criança já sabe que o fogo queima, que a água pode afogar, que a lei da gravidade pode derrubar, que o corpo pode se ferir, que a natureza tem suas leis... Mas ela não sabe ainda que a alma pode se decepcionar.

Em geral, todos nós carregamos lembranças de quando nos pareceu ter perdido um pedaço da alma, uma parte de nós mesmos, onde a essência parece ter sido traída e o chamado desvirtuado. Para alguns, basta um fato, para outros são vários pequenos acontecimentos que os decepcionaram. Quanto maior a decepção, mais traumática será a experiência. É quando alguma coisa que jamais como criança se esperava que fosse acontecer, exatamente numa hora da vida em que se está, aparentemente, muito mais seguro nesse mundo, quando tudo parece fluir espontaneamente e criativamente, e eis que aos poucos, ou drasticamente, alguma coisa ou alguém acabará com tudo isso, como que fazendo cair de vez a tenda desse paraíso infantil. A sensação, para alguns, é de grande desespero, e para a maioria é de estar sendo rejeitado, desvalorizado, incompreendido e desamado. E logo vai se gerar internamente uma profunda tristeza, um sentimento de medo, de angústia, de raiva e de revolta, o que, em seguida, aos poucos, forjará um jeito defensivo de enfrentar a vida. É como se a partir daí a criança se desse conta de que não basta viver, agora será preciso "organizar" a vida para não sofrer. Parece que não se pode mais simplesmente ser quem se é, agora vai ser preciso medir o que se pode mostrar do que se é. E é basicamente ali que começa uma grande rachadura no ser, uma fenda se estabelece entre o ser que é e o ser que se mostra, entre o eu e o ego, entre o que se é e o que se acaba pensado que se é. É quando a ferida começa a tomar posse do ser e gerenciá-lo para não colapsar ou perecer. Daí em diante, a maioria das pessoas não se recupera mais. Só quem tiver a grande graça de mais tarde ser tocado por alguma coisa, por alguém muito especial ou por outro fato, e às vezes não menos traumático, é que será redesperto para o seu ser original e se curará dessa ferida tornando-a sagrada, integrando-a a si mesmo, como parte do seu ser. Mas disso falaremos mais adiante. No momento, precisamos identificar e compreender bem essa ferida.

Eu me lembro claramente do dia em que perdi um pedaço de minha alma. Peço permissão ao leitor para poder contar aqui, a título de ilustração, para que você possa decifrar melhor a sua ferida:

Sou de uma família de agricultores, de descendência italiana. Sou filho mais velho e nasci numa época em que meus pais ainda estavam se organizando na vida de família. Então, trabalhavam muito e eu também, logo cedo aprendi a trabalhar com eles. Tive uma bela infância dentro dos moldes daquele tempo e, apesar de tudo, havia bastante afeto em casa. Mas quando eu tinha uns oito anos, meu pai que havia guardado um dinheirinho pensou em investi-lo. Um dia na mesa a mãe falou: o pai de vocês vai comprar uma camionete. Eu me lembro que perguntei: mãe, o que é uma "cambonete"? Depois, descobri que era uma rural, que na época era um belo carro, mas como ele não tinha o dinheiro todo, foi pedir emprestado ao meu avô, que, ao invés, preferiu entrar como sócio com meu pai. Tudo certo. Chegou o dia em que o pai iria buscar a camionete. Saiu cedo para a cidade. Morávamos bem no interior e então se ia para a cidade uma ou duas vezes ao mês, no máximo. Para nós irmãos, pequeninos ainda, aquele dia foi muito diferente dos outros, pois iria chegar algo que nunca tínhamos visto. Eu me lembro bem: almoçamos, tomamos banho e nos preparamos para, naquele dia de sábado, esperar a dita camionete. Estávamos sentados na escada da casa, que dava de frente para a estrada de onde, a uns quarenta metros, ela apontaria e podia-se ver já de bem longe. Primeiro, ouvimos o rumor, e logo apareceu algo muito novo. Ela tinha duas cores, bege e cinza. Sem demora, a camionete estava na frente da casa. E nós, catatonicamente parados na escada, numa espécie de admiração e medo. Até que meu pai, depois de ter saudado a mãe, com um jeito de homem bem-sucedido, falou: "crianças, venham ver a camionete!" Então, sentimo-nos inseridos no momento. Tudo era muito lindo. Mostrou o volante, ele era desenhado e muito brilhante, mostrou a alavanca das mudanças, mas já falou que ali era bom não mexer e, em seguida, mostrou a buzina. Todos pudemos buzinar um pouco. Uma maravilha para nós crianças. Enfim, mostrou-nos tudo da camionete. E todo aquele final de semana foi maravilhoso. Eu mal sabia que o pior estava por vir. Na segunda-feira, os dois foram para a roça lavrar com uma junta de bois e nós, crianças, ficamos em casa; a camionete ficou embaixo da varanda que era para a carroça de bois. E eu, no meu espírito curioso de criança e ainda muito inocente, embora a camionete estivesse chaveada, comecei a bisbilhotar por tudo do lado de fora dela. Olhei de frente, embaixo, os para-choques brilhantes, até que fui me deparar com algo muito interessante: descobri que nos pneus havia uma chupetinha tão engraçadinha que apertando dava aquele barulhinho maravilhoso. E pensei: "acho que o pai não sabe que apertando aqui dá esse barulhinho". E, a partir de então, não via a hora que ele voltasse da roça para poder mostrar a ele, pois agora eu também teria alguma coisa nova para mostrar a ele. Fui logo chamar minha irmã para mostrar o que eu havia descoberto. Ela achou aquilo maravilhoso também e logo descobriu que o pneu da frente também tinha. E ficamos à tarde toda brincando com os pneus. Imagine como ficou a camionete.

Quando o pai chegou, só falou: "gurizada, o que é que vocês estão fazendo?!" E no mesmo instante eu me volto para querer mostrar para ele o que eu havia descoberto. Mas aquele rosto não era do meu pai. Ele ficara completamente transtornado. Bem, minha irmã imediatamente correu para a saia da mãe e eu não havia para onde correr, ali fiquei, e logo meu pai puxou o relho dos bois e sem piedade desferiu um raivoso golpe de laço nas minhas perninhas de criança. Imagine só! Aquilo não me doeu nas pernas. Sinceramente, doeu na alma. Naquele instante, para mim, o mundo ruiu. Logo saí dali e fui me esconder dentro de um grande pé de hortênsia, ali onde dormiam os cachorros para se protegerem do sol. E ali, mesmo que baixinho, eu chorava muito. Vinte minutos depois, meu pai passa por ali e me ouve chorando, abre os ramos das hortênsias e diz: "vá para dentro de casa porque você vai apanhar de novo". Foi então que me lembrei que o porão era o melhor lugar para ficar naquele instante. Fui bem lá no fundo, no escuro, detrás de dois barris de vinho onde se guardava o vinho que se produzia das uvas que meu pai mesmo cultivava. E ali eu pensava: o que foi que eu fiz de errado? Por que é que ele não me deixou falar e explicar o que eu havia descoberto? Além do mais, por que foi que apanhei se eu havia descoberto uma coisa tão boa? E por que foi que somente eu apanhei? Aliás, que pai é esse? Bem, eu fiquei ali muito tempo. Sei que me procuraram muito. Mas naquele instante nada mais me importava, pois ali havia morrido uma parte de mim. Não lembro como foi que aquilo acabou, se me encontraram ou se eu saí por conta própria de dentro do porão. O fato é que os anos passaram e eu nunca mais fui me lembrar desse fato. Só sabia que houve um tempo em que eu me entristeci. Eu conseguia notar a diferença entre os primeiros anos de vida e os que vieram depois dos dez. Eu era bem mais contente no começo. Cresci, organizei a vida como foi possível. Olhando para trás, hoje, vejo que sempre fui uma criança diferente. Sozinha, na maioria das vezes, e que sempre esperava um dia poder sair de casa. E de fato, aos doze anos fui para o seminário, seguindo o desejo de ser padre e satisfazendo, assim, inconscientemente, a necessidade de ficar longe de quem poderia me ferir novamente, e encontrando lá inclusive a solidão para a melancolia da alma e a presença de "homens bons" que, teoricamente, não me feririam mais. Tornei-me padre e fui logo me dar conta de que eu precisava me conhecer melhor e curar alguma coisa de mim que eu nem sabia bem o que era. E comecei a fazer terapia. Numa sessão de regressão, e sou muito grato por aquele instante da vida, fui reviver essa experiência. Sinto um cheiro de vinho podre e começo a me ver num lugar muito escuro e tomado por uma grande tristeza. E logo me vem a imagem do porão, e em seguida a cena de meu pai me batendo com o chicote dos bois. Tudo me era muito nítido, como se fosse tudo vivido novamente. Chorei muito e senti muita raiva. E como foi que eu me curei? Exatamente quando, na regressão, eu descobri que naquele dia o meu pai não havia me batido porque eu tinha esvaziado os pneus da camionete, mas porque eu tinha estragado o brinquedo dele. Pois, para ele, aquela não era uma caminhonete, era um brinquedo. É que criança tem brinquedos pequenos, gente grande tem brinquedos grandes! Foi quando me veio uma imagem de mim mesmo, o eu pequeno do lado de outro menino, que chorava diante de um caixão de morto. E era ele, de pequeno, diante do pai dele, no dia em que ele havia falecido. E ali apareceu a verdade do fato: ele também carregava uma grande ferida. E não tendo encontrado quem o ajudasse a se curar dela, cresceu como pode, correndo atrás da vida, fazendo sua casa, casando-se, tendo filhos, como a maioria faz. Mas, sem querer, e mesmo no desejo de amar na vida, acabou ferindo também, mesmo aqueles que lhe são muito queridos.

    Desculpe se me delonguei ao contar essa história, mas esse fato me trouxe muito material para terapia na época, e foi também uma chave de autocompreensão de minha alma e um presente que a vida me deu para compreender a dor que dói em muitas pessoas que eu encontro no meu caminho e no meu trabalho de orientação. Todas as vezes que conto essa minha história nos grupos de trabalho, a título de ilustração de como pode ser a ferida da alma, a maioria das pessoas consegue acessar onde foi que essa ruptura tem acontecido nelas. Muito mais evidente ainda se torna esse momento quando o acesso é feito direto no inconsciente através de alguma das formas de regressão ou visualização imaginativa. É que quando descobrimos o começo de nossa grande dor – que normalmente está intimamente ligada à vivência familiar –, também vamos descobrir a dinâmica que se gerou em nós a partir de então e que continua vigente no nosso inconsciente. E, assim, temos a oportunidade de trazer à tona todo esse complexo, tomá-lo na mão, para começar a desmanchar a sua trama.

Aquilo que a psicanálise chama de neurose, se observarmos bem, nada mais é do que um complexo defensivo de proteção à ferida original, um mecanismo de adaptação ao arrombo existencial, uma forma de fechar as portas para os hábitos e lembranças do passado e prevenindo o futuro. Veja o que é a ansiedade ou a hiperatividade numa pessoa: é uma inquietação constante como se a toda hora é preciso estar fazendo alguma coisa para manter-se vivo ou prevenir-se de alguma situação perigosa ou pelo menos constrangedora. O próprio comportamento paranoico de alguns sujeitos também parece ser um mecanismo autodefensivo diante do medo iminente de ser novamente traído ou roubado no ser, machucado na integridade de si. O que dizer então da grandeza narcisista? Não é um mecanismo, mesmo que falso, de recriar a oceanidade perdida negando ilusoriamente a fragilidade da vida? E a compulsão de controlar constantemente tudo? Por trás dessa dinâmica não está de novo o medo de se perder, de ser rejeitado ou o temor de ser novamente surpreendido por alguma decepção inesperada? E a obsessão perfeccionista, não é uma grande necessidade de garantir tudo para evitar a culpa e o agravamento dessa ferida infantil?

Claro que nada disso está errado. Foi o jeito que o indivíduo encontrou para enfrentar a ansiedade da possível fragmentação do ser que, uma vez experimentada, deixa uma memória, uma marca que não será jamais esquecida. A maioria das pessoas se adapta a ela e vive como se a vida fosse assim mesmo, enfrentando tudo o que isso acarreta à alma oferecendo soluções paliativas, imediatas e, portanto, inconsistentes. Vivem como se não houvesse outra saída, conformam-se com o pouco que colhem das experiências repetidas a cada dia. Nascem, crescem, se desenvolvem, têm filhos e netos, envelhecem e morrem como se esse fosse o caminho que todos deverão percorrer, sem outra forma possível de trilhá-lo. Esse talvez seja o grande tédio da vida que os filósofos existencialistas tanto têm exaltado.

O vazio

A ferida do desejo deixa um buraco na alma, uma marca indelével. A partir do momento em que a alma foi dilacerada, o ser leva um longo tempo para se readaptar até alcançar o "equilíbrio", mesmo que, agora, na escassez. O indivíduo cria um jeito aceitável de viver, funcionando, no entanto, sempre sob a sensação de um vazio a ser preenchido, uma energia esperando para ser liberada. Instala-se nesse "novo estilo" de ser, uma constante e obcecada necessidade de saciar-se com alguma coisa. Nos adultos, esse vazio se mostra muito nas horas em que eles não estão sob a pressão do trabalho ou de algum compromisso. Geralmente no domingo à tarde, nos feriados, nas festas de final de ano, enfim, naquelas horas em que a interioridade recebe a oportunidade de se manifestar mais livremente. As mulheres conhecem bem isso. Pois, na metade da tarde de domingo, quando todos da família foram embora, os filhos saíram com seus amigos, os casados foram para suas casas e o marido foi para o jogo ou para assisti-lo na televisão (ele, também, para não sentir o vazio). Elas se retiram para fazer alguma coisa para elas e não conseguem, no entanto, saber o que o coração deseja mesmo. Ligam para uma amiga, conversam, e não resolve muito, vão tomar um chá na vizinha. Foi bom, mas não acalmou. Muitas vão para a geladeira e comem muito, mas o desconforto parece piorar e, sem outra saída, às vezes, não resta outra coisa senão esperar a segunda-feira e começar tudo de novo para esquecer.

Para algumas pessoas, muitas vezes, o vazio se manifesta através de sonhos que parecem preenchê-lo: a pessoa se vê realizando algo muito sonhado ou ganhando alguma coisa que ela tem tanto desejado, e fica muito contente no sonho, mas quando acorda se vê novamente em contato com a decepção e lamenta: "que pena que não é verdade!" Para outros, no sonho, o vazio se manifesta em forma de pesadelo. Revivem a angústia e o medo, ou a tristeza e o desengano. Só acordando para escapar dele e poder dizer: "ufa, que bom que foi somente um sonho!"

No percorrer normal da vida, a maior parte das pessoas tenta serenar esse vazio preenchendo-o ilusoriamente com coisas. Compram muito, acumulam bens materiais, não param de fazer festas, correm com seus carros, competem no seu trabalho, fazem carreira acadêmica ou militar, defendem com o próprio sangue as próprias ideias como se não houvesse outras, constroem suas casas enormes, seus carros têm sempre de ser do ano, têm obsessão por mulheres e sexo, viajam para lugares distantes e disputados... São todas coisas muito boas, mas que deixam um grande amargo depois de tudo, por não terem sido vividas com sobriedade, pois estavam em função de algo que essas mesmas coisas não podem resolver: elas não têm o poder de abrandar esse vazio. No momento, até parece resolver, mas tudo se amarga quando o ser percebe que o vazio continua, apesar de tudo.

Isso só aumenta a tristeza, pois reforça a frustração da vida. Dá uma grande raiva por fazer tantas coisas que não devolvem o que a alma tanto espera. Cria-se uma desesperança, porque tudo o que se pensava que fosse a solução, depois de ter sido vivenciado e muitas vezes a grande custo, não solucionou em nada o colapso antigo. Há uma fome, com certeza, mas por não distinguir que fome é essa lhe é oferecido um alimento que a alma desconhece. É que alma não se alimenta com comida, nem com afetos, muito menos com canudos acadêmicos ou títulos de honra. Essa fome é o ego que tem, aquela dimensão racional do ser, aquela estrutura que foi construída para fazer frente à ferida. A alma, no entanto, pede silêncio, respiração serena, percepção profunda, calma para ouvir a sua voz, serenidade para estar dentro dela; outras vezes pode pedir oração, atenção atenta, um livro bom, um colóquio com alguém que a interprete e a compreenda, talvez um rito em que ela possa dançar sua leveza, uma arte para expressar sua beleza, um gesto consciente para poder se dar, um instante pra nada pensar para que a intuição possa ter seu lugar.

Uma dor essencial

No sentido mais humanístico, a ferida humana tem grande significado. Ela é uma realidade simbólica que explica inúmeros sentimentos humanos vividos no mais profundo de cada ser. É ela que muitas vezes nos faz ter medo da vida, medo de arriscar, medo da rejeição, medo de não ser aceito, medo de fracassar, que, no final de tudo se traduz no grande e único medo: aquele de ter que morrer.

Para alguns autores da filosofia e da psicologia, a ferida original é a base da justificativa pela qual o ser humano é um ser destinado ao nada, ao vazio, ao fracasso e ao insucesso. Para outros, a ferida é um desafio para a transcendência, a possibilidade de um salto para outros níveis de humanidade.

Nesse sentido, não foram poucos os autores que se preocuparam com o fenômeno do vazio experimentado pela vida humana nas suas mais variadas expressões. Entre eles há quem continue a tratar o ser humano como eterno habitante do "paraíso terrestre", num positivismo cego e exagerado, e outros que não conseguem vê-lo além de seus limites, sustentando uma visão determinista, trágica e de eterna saudade de um "paraíso perdido". Mas não faltaram aqueles que se ocuparam em compreender a realidade da ferida humana dentro de uma visão mais crítica e possivelmente mais realista, partindo do pressuposto que, de fato, o humano é um ser limitado e que padece as suas limitações; por outro lado, é alguém aberto a uma série de possibilidades, de liberdade, de realização de seus anseios ontologicamente mais profundos.

Ernest Becker abordou largamente o ser humano na sua realidade de ser finito, mortal e, ao mesmo tempo, ansioso por prolongar-se no tempo, de ser imortal, infinito e transcendente[17]. O qual sente de possuir um corpo e ao mesmo tempo um eu simbólico, capaz de pensar e aferrar a realidade no mais profundo de seu sentido. Veja como ele expressa isso:

---

17. Suas obras principais em relação a este argumento são: *The denial of death*. Nova York: The Free Press, 1973; nós aqui seguiremos a tradução em português: *A negação da morte*. Rio de Janeiro: Record. Citaremos algumas vezes essa obra por conter grande parte das ideias do trabalho, para melhor trabalhar usaremos a sigla NM sempre que a citarmos. Outra obra também muito importante do autor é: *Escape from evil*. Nova York: The Free Press, 1975.

> O homem tem uma identidade simbólica que o destaca nitidamente da natureza. Ele é um eu simbólico, uma criatura com um nome, uma história de vida. É um criador com uma mente que voa alto para especular sobre o átomo e o infinito, que com imaginação pode colocar-se em um ponto no espaço e, extasiado, contemplar o seu próprio planeta. Essa imensa expansão, essa sagacidade, essa capacidade de abstração, essa consciência de si mesmo dá literalmente ao homem a posição de um pequeno deus na natureza [...].
>
> No entanto, ao mesmo tempo [...]. O homem é um verme e alimento para os vermes. Este é o paradoxo: ele está fora da natureza e inapelavelmente nela; ele é dual, está lá nas estrelas, e, no entanto, acha-se alojado num corpo. [...] O homem está literalmente dividido em dois: tem uma consciência de sua esplêndida e ímpar situação de destaque na natureza, dotado de uma dominadora majestade, e, no entanto, retorna ao interior da terra, uns sete palmos, para cega e mudamente apodrecer e desaparecer para sempre[18].

Nesse texto, Becker mostra a tragicidade da vida nua e cruamente. Para ele, o ser humano faz a experiência de ser diferente dos animais por ser capaz de simbolizar, e por isso, dar sentido, abstrair, transcender o material e o temporal; e por outro, justamente pelas suas faculdades mentais, compreende que é limitado e simboliza o seu corpo como a expressão mais evidente do seu limite pelo fato de querer desfazer-se dele para transcender de uma vez, e não poder fazê-lo sem deixar de existir. Convive continuamente dentro de seu corpo que mostra sempre muito mais uma realidade de morte, mesmo quando ele está no máximo de sua vitalidade.

---

18. NM, p. 39.

Também, Erich Fromm disse que na sua natureza paradoxal o ser humano é "metade animal e metade simbólico"[19]. E, justamente por isso, segundo Becker, o que movimenta o ser humano e o empurra para novas metas é o medo de morrer: ele é alguém que teme não tanto a extinção em si, mas a extinção sem significado[20]. O que ele quer, acima de tudo, é a duração no tempo e a prosperidade; a todo custo busca ser imortal e justamente por ele ser consciente da sua mortalidade faz de tudo para negá-la, procurando elaborar historicamente várias formas de poder e domínio sobre tudo aquilo que está ligado ao lado animal de sua existência[21].

A todas essas formas de poder e domínio Becker chama de "símbolos de imortalidade", que funcionam como estratégias que garantem em qualquer modo uma maior duração no tempo e para dizer a si mesmo que não é verdade, que ele é destinado a morrer[22].

O que existe de interessante no discurso de Becker, tentando ir além da sua linguagem e do seu modo de abordar a questão, é que de fato não se pode negar que toda vez que o ser humano para fim de se autorrever, naturalmente, depara-se com uma série de limitações, que para ele soam como sinônimos de morte, em relação ao que ele anseia de mais livre, mais amplo e mais profundo.

No seu livro *Psicologia e teologia moral*, o teólogo e psicólogo B. Kiely tem chamado os dois polos desse fenômeno de:

---

19. FROMM, E. *The heart of man: its genius for good and evil*. Nova York: Harper and Row, 1964, pp. 116-117.

20. BECKER, E. *Escape from evil*, Op. cit., p. 4.

21. Ibid., p. 92.

22. Ibid., p. 63.

"mundo dos desejos", para significar amplamente a dimensão da simbolização e a capacidade de transcendência que o ser humano tem; e "mundo dos limites", exatamente para dizer de tudo aquilo que faz parte do aspecto da finitude humana[23].

Veja como o autor descreve, então, mais especificamente, esses dois lados da vida humana que pertencem ao mesmo e único mistério que a envolve, suas características e expressões mais comuns, com a finalidade de melhor compreender o fenômeno da ferida e, consequentemente, da insatisfação humana.

O mundo do limite

Ao que B. Kiely tem definido como "mundo do limite", podemos reunir todos aqueles fenômenos humanos dos quais cada ser humano poderia falar a respeito por tê-los experimentados na própria vida pessoal. Por exemplo, o ter que pertencer a uma determinada época da história e não poder ter escolhido o tempo para nascer, a que tipo de família, sociedade ou nação pertencer e, consequentemente, o tipo de cultura, língua e crença; o próprio modo de estar no mundo: o de não poder ter escolhido o próprio sexo, a cor da própria pele, o fato de não poder contar com todas as potencialidades e propensões individuais, ou dispor da mesma energia para todos os momentos, ou o modo como o ciclo da vida vai se desenvolvendo, o ter que deparar-se com o declínio depois de um certo número de anos etc.

Talvez, o que tem de mais dramático nesse "mundo" é o fato de, em certo ponto da vida, ter que experimentar a realidade dura e crua de não poder abarcar com a inteligência o

---

23. KIELY, B. *Psicologia e Teologia morale: linee di convergenza*. Casale Monferrato: Marietti, 1982.

sentido mais profundo da própria existência. E, quando, depois de muito esforço, este parece estar sendo aferrado, ter que admitir que este lhe foge das mãos e que é mais amplo e profundo daquilo que pareceria ser.

Tudo isso, porque o mundo do limite exige a capacidade de aceitar que certas coisas pertinentes à própria existência não podem ser mudadas e, além do mais, muitos desses limites tendem a se acentuar sempre mais com o avançar dos anos, e em tal modo que, justamente ao contrário do que se esperaria, a vida parece ir afunilando-se em um modo tal que, no fim de tudo, o horizonte das próprias limitações é sentido ser bem maior do que este já fora em qualquer outra etapa anterior da própria existência. A velhice, a doença e a morte são representantes extremos da restrição que o mundo dos limites impõe à existência humana[24].

Se, num primeiro momento, pareceria demasiadamente trágica e pessimista a visão de ser humano que Becker pretende expor ao dizer que o homem é um ser naturalmente mortal e em busca constante de sua imortalidade, agora parece muito mais fácil admitir que, de fato, no mundo do limite, o ser humano faz continuamente a experiência de estar morrendo. Até mesmo quando toma uma decisão fundamental para poder continuar a viver, ele também aí morre, porque fechou todas as outras possibilidades de escolha que havia antes. Justamente por isso, talvez, não seja assim exagerado afirmar que a vida humana no seu mistério envolve uma certa tragicidade e que todo ser humano é, no fundo, insatisfeito, solitário, e descontente de si mesmo.

---

24. Ibid., pp. 208-210.

O mundo do desejo

É justamente pelo fato de que o ser humano não é somente um ser natural ou animal que ele sente assim forte a sua realidade de limite. O que Becker tem chamado de "busca de imortalidade" expressa toda a dimensão transcendente que existe no indivíduo. E é o que o caracteriza como tal: um ser que deseja, que aspira, nunca satisfeito com o que pode alcançar.

O mundo do desejo, que compreende o horizonte da imaginação e do questionamento (do perguntar), é conhecido pela sua ausência de limites fixos, do momento em que existe um sentido, no qual o espírito pode tornar-se todas as coisas. Uma pessoa pode imaginar, fantasiar e desejar ilimitadamente. No seu desejo de perguntar, o ser humano pode fazer-se mil incógnitas e nunca terminar de questionar-se sobre tudo e em qualquer âmbito; como fantasia, pode sonhar todo um mundo segundo as suas aspirações, também em qualquer âmbito, e nunca terminará de sonhar, e como desejo, basta que haja qualquer coisa que represente ou figure algo que seja bom que é suficiente para desencadear tal processo. Nesse sentido é que o mundo do desejo não tem limites, é livre, vasto e consequentemente não comporta a necessidade de escolha[25].

O que existe de mais nobre, talvez, no mundo do desejo é que através dele o ser humano, pela sua capacidade simbólica e de interpretação, pode mirar alto, propor-se ideais e persegui-los. É desse mundo que vem a possibilidade de sentido, de compreensão de liberdade. É o desejo que torna possível o distanciamento do limite e favorece uma imagem de ser humano menos dramática e mais positiva.

---

25. Ibid., pp. 207-208.

No entanto, a necessidade que o ser humano tem de ser imortal não o faz simplesmente fugir da morte e do mundo limitado, mas o abre para o que está além do limite, ela o faz capaz de transcendência, de perguntas pelo que está além de si mesmo, pela origem do seu existir. Nesse jogo, ele não somente deseja ser ilimitado, mas a sua pergunta pelo infinito o faz estar aberto a outro ser que não seja limitado como ele e ao qual poder atribuir um significado e encontrar a razão do seu existir. É justamente por isso que o desejo, como diz A. Manenti: "é uma faculdade que se exercita no âmbito da transcendência. O homem que sai de si mesmo e se vê imerso num mundo maior do que ele, pode desejar"[26].

A tensão constante entre os dois mundos

Embora tenhamos tratado separadamente esses dois mundos, na realidade eles não existem em modo separado. Como diz Kiely, "em uma pessoa mais ou menos sã os dois mundos interagem: eles se colocam à prova e se sustentam mutuamente"[27]. Mas o modo de relação mais evidente entre o limite e o desejo no interno da vida humana é aquele dialético: uma constante tensão entre duas forças polares que, embora às vezes mais próximas, nunca chegam a se tocar. Vista a impossibilidade de suprimir um dos polos – o do limite pelo que se experimenta de mais real e contingente e o do desejo por ele ser indispensável para poder continuar a viver e a crescer – logicamente, uma tensão entre esses dois mundos é inevitável[28].

---

26. MANENTI, A. *Vivere gli ideali – fra paura e desiderio.* Bolonha, v. 1, EDB, 1991, p. 64.

27. KIELY, B. *Psicologia e Teologia morale.* Op. cit., pp. 217-220.

28. Ibid., p. 216.

Não faltam outros autores que sustentam essa dialética existente no interior do ser humano como algo ontológico e básico, que permeia toda a sua realidade desde o seu pensar, seu atuar e seu modo de existir no mundo. Lonergan fala de uma tensão entre o eu transcendente e o eu transcendido, e que num trabalho posterior, L. Rulla e companheiros, desenvolveram de modo mais minucioso tal ideia para explicar a dinâmica da motivação humana em ralação aos valores espirituais e sua atuação[29].

Niebuhr também compreende a pessoa dialeticamente como uma unidade entre natureza e espírito[30]. Kiely traz presente ainda outras fontes que exprimem a mesma dialética, como por exemplo, na linguagem de Lonergan, o "mundo da imediatez" – o qual é composto de uma série de objetos imediatamente presentes aos sentidos –, e o "mundo mediado pelo significado" – que se refere não somente ao que é presente, mas também ao que está ausente e além do que é sensível. Nos termos de Freud, também pode entrar aqui o que ele chama de "processo de pensamento primário" – que serve o princípio do prazer – e o "processo de pensamento secundário" – que está

---

29. LONERGAN, B. *Method in Theology*. Nova York: Herder, 2. ed., 1973, pp. 36 e 110. As obras principais de Rulla sobre a Teoria da autotranscendência na consistência são: RULLA, L. *Depth Psychology and Vocation. A psycho-social Perspective*. Roma: Gregoriam University Press – Chicago: Loyola University Press, 1971. Tradução para o português: *Psicologia do profundo e vocação*. Vol. I: Pessoas; vol. II: Instituição. São Paulo. Paulinas, 1977.
RULLA, L.; IMODA, F.; RIDICK, J. *Entering and leaving vocation:* intrapsychic dynamics. Roma: Gregorian University Press, 1976. RULLA, L. The discerniment of spirits and Christian anthropology. in *Gregorianum*, 1978, 3, 543-562. RULLA, L. *Anthropology of the Christian vocation*. Vol. I: Interdisciplinary bases. Roma: Gregorian University Press, 1986; Vol. II: Existential confirmation, Roma: Gregorian University Press, 1989. Tradução em português do vol. I: *Antropologia da vocação cristã*: bases interdisciplinares. São Paulo: Paulinas, 1987.

30. NIEBUHR, R. *The nature and destiny of man*, Vol I. Nova York: Scribner's, 1941.

a serviço do princípio da realidade. No caso, o processo primário se aproxima mais ao mundo dos desejos, enquanto não vem posto em confronto com aquele dos limites, e por isso não é corrigido por esse último[31]. Nessa mesma linha, eu diria, vai a dialética consciente-inconsciente, enquanto o inconsciente, como tal, aproxima-se muito do conceito de mundo dos desejos, até que seu conteúdo não seja colocado em confronto com o consciente, que pode compreender, significar e decidir.

A fisionomia humana que se encontra entre o limite e o desejo

Embora o que estamos refletindo aqui seja mais uma tentativa de explicação da ferida humana, o fato é que como palco de tensão entre estes dois mundos, o ser humano, na sua história concreta é expressão visível de alguém que se debate para poder viver, quando não para sobreviver. Como disse Becker: "estar com um dilema desses e conviver com ele é assustador", e depois "o que incomoda as pessoas é a incongruência, a vida tal como é"[32]. Como tem dito muito bem Franco Imoda na sua obra *Desenvolvimento humano: psicologia e mistério*, aquilo que melhor reflete a realidade de tensão no ser humano é a dor e, ao mesmo tempo, ela é o lugar de revelação dessa ferida inerente. Veja a clareza como ele escreve sobre isso sem abdicar da sua linguagem filosófica:

> É na dor e na escassez que se aprende a distinção entre o ser e o dever ser, entre o atual e o ideal, que se vive a divisão interna que se manifesta até a que ponto se pertence a dois mundos que se quereria reconciliados e que não se conseguem reconciliar: um

---

31. KIELY, B. *Psicologia e Teologia morale*. Op. cit., pp. 217-220.

32. NM, pp. 39 e 46.

mundo de aspirações infinitas e um mundo de dados e de fatos que resistem e que limitam, que restringem, assediam e colocam fins experimentados frequentemente como violentos[33].

O autor prossegue sua obra dizendo que a dor, bem como todo tipo de expressão da ferida humana, é o lugar onde se traduz o mistério humano. Por isso, a ferida em si mesma impulsiona a buscar um sentido, sem rejeitá-la, pois negá-la é quase como decidir-se de deixar de viver[34]. E acrescenta que outra forma de expressão desta mesma tensão é a solidão a que o ser humano é continuamente subjugado: de um lado, o desejo de estar com os outros; e do outro, a necessidade de defender a própria intimidade[35]. Experimenta o vazio de si mesmo, a ausência, e o fato de ter que dar uma resposta pessoal e a sós consigo mesmo às perguntas e enigmas da vida; ao mesmo tempo, e por outro lado, descobre o sentido de uma presença e a alegria de uma certa plenitude trazida por um outro que está fora dele, que é solidário e serve de luz para compreender o enigma de sua existência.

Tudo isso revela, de fato, como já temos dito, o indivíduo como um ser insatisfeito, inquieto, nunca contente de si mesmo, o que para Imoda é a expressão maior de alguém que vive nem sobre o limite e nem sobre o desejo, mas em uma tensão que o mantém intermediário entre dois polos e, por isso, impulsionado a procurar sempre mais, condição necessária para poder desenvolver-se[36].

---

33. IMODA, F. *Sviluppo umano* – psicologia e mistero. Casale Monferrato: Piemme, 1993, p. 27.

34. Ibid., pp. 27-28.

35. Ibid., pp. 29-30.

36. Ibid., pp. 31-33.

A angústia: uma experiência inevitável

Por encontrar-se nessa posição intermediária entre o limite e o desejo, o ser humano é por definição um ser ansioso e por vezes angustiado. Foi Kierkegaard quem tratou filosoficamente a fundo, e por primeiro, a realidade da angústia humana, definindo o homem como uma "união de contrários, de autoconsciência e de corpo físico", ambíguo, e justamente por isso, um ser que sente angústia. Se ele fosse animal ou anjo não sentiria o pavor, mas como é uma síntese, então se apavora por ser autoconsciente da própria morte[37]. Para Becker, "esse é o terror: ter surgido do nada, ter um nome, consciência de si mesmo, profundos sentimentos íntimos, uma torturante ânsia íntima pela vida e pela autoexpressão – e, apesar de tudo isso, morrer"[38].

Ao invés, para Niebuhr, o ser humano é ansioso porque a sua capacidade de autotranscendência lhe permite notar não somente a precariedade de sua finitude como também a infinidade de possibilidades de ser livre diante das quais ele se encontra. Assim ele escreve: "o homem é ansioso não somente porque sua vida é limitada e dependente e ainda não tão limitada que conhece as suas próprias limitações. Ele é ansioso também porque não conhece os limites de suas possibilidades. [...] Ele é ansioso pelo fim para o qual ele luta e pelo abismo do nada no qual ele pode cair"[39]. Para Niebuhr, o homem sendo livre e preso, limitado e ilimitado, é ansioso. Para ele, a ansiedade é a concomitante inevitável do paradoxo liberdade-finitude no qual ele está continuamente envolvido[40] que, no pensamento Kierkegaardeano,

---

37. KIERKEGAARD, S. *Il concetto dell'angoscia*. Florença: Sansoni, 1965.
38. NM, p. 95.
39. NIEBUHR, R. *The nature and destiny of man*, Vol. I. Op. cit., pp. 183 e 185.
40. Ibid., p. 182.

essa funciona como condição indispensável de possibilidade de liberdade, pois "aquele que é formado pela angústia é formado pela possibilidade, e somente quem é formado pela possibilidade é formado segundo a sua infinitude"[41].

No seu sentido mais profundo, o homem como um ser ansioso, angustiado, não o é por pura tragicidade ou por ser vítima do mundo de seus limites, mas no paradoxo de sua existência, tal ansiedade é também expressão de sua dimensão infinita, de sua possibilidade de se tornar o que ele deseja e para o qual tem sido feito.

Por isso, ser ansioso, é sentir-se presente na história, no tempo, dentro de uma realidade estruturada, simbolicamente figurada no dever "habitar um corpo" inseparável de sua consciência, mas ao mesmo tempo é esta mesma ânsia elemento dinamizador de sua vida que não o deixa permanecer instalado no seu mundo esperando a morte chegar, já que de nenhuma forma esta poderá ser por ele evitada. Viver em tal condição é inevitável, sem dúvida, mas viver conscientemente esta mesma condição de tensão pode ser um modo privilegiado e necessário para não morrer de angústia. Então, a questão se põe não sobre o fato de existir como um ser em tensão, ansioso ou ferido, mas no "como" ordenar a própria existência em tal modo que esta não seja simplesmente consequência do que é inevitável. Pois, como também diz Frankl, em algum lugar: "ser homem quer dizer estar em tensão entre o ser e o dever ser, e em uma tensão ineliminável e intransigente". Este é o preço inevitável da vontade de sentido[42].

---

41. KIERKEGAARD, S. *Il concetto dell'angoscia*. Op. cit., p. 194.

42. FIZZOTTI, E. *La logoterapia di Frankl*. Milão: Rizzoli, 1974, p. 161.

A condição da "luta" humana

Dado o seu caráter paradoxal, tensivo e dialético, a existência humana como portadora de ânsia torna o indivíduo um ser em contínua luta; ele é alguém que não pode deixar-se levar. Afrouxar a corda que mantém ativa tal tensão é correr o risco de perder-se no vazio, desconscientizar-se, indeterminar-se, suspender a própria existência, e quando não, desesperar-se. Pois como diz, ainda, Kierkegaard, "o eu é a síntese consciente de infinito e finito... O desespero do infinito é a falta de finito", bem como "o desespero do finito é a falta de infinito"[43]. Por isso, desde o seu primeiro respiro, ainda como criança, o indivíduo é alguém que entrou no campo de batalha pelo qual todos os seres humanos antes dela já passaram e no qual, em seu tempo histórico, não se encontrará só; ali poderá encontrar-se com toda a humanidade que participa da mesma condição universal, pois todo aquele que tem a coragem de viver deve passar por ali.

Para a maioria dos autores que sustentam uma visão dialética da vida humana, que vimos acima, é também unânime a concepção de existência como uma batalha. O fato é que, dependendo de como é imposta a própria vida e o quanto ela é vivida numa real consciência, essa luta tem um caráter de debate trágico para poder sobreviver defendendo-se do risco de ser engolido pela angústia existencial, ou ela é expressão da perseguição de um ideal, da realização das possibilidades avistadas pela liberdade e, por isso, direcionada para o infinito.

---

43. KIERKEGAARD, S. *La malattia mortale*. Florença: Sansione, 1965, pp. 236-242.

A ânsia de sentido e sua expressão simbólica

Sempre que o ser humano deve colocar-se diante de si mesmo, a fim de compreender, abstrair, tomar decisões importantes para a sua vida ele o faz através do uso de uma variedade de símbolos[44]. O problema é que não basta ser capaz de simbolização para intuir o sentido que se procura, pois cada um dos seres humanos tem os seus "códigos simbólicos", e embora muitas vezes sejam comuns para todos, os mesmos símbolos ressoam em uma maneira toda particular para cada um dos indivíduos.

Quando Becker fala dos inúmeros símbolos de imortalidade que o homem cria para si a fim de negar a realidade consciente da própria morte, diz também que, porque tais símbolos não respondem suficientemente ao seu desejo mais profundo, é que emerge o mal na sociedade[45]. Isso significa que, embora exista no homem a capacidade de simbolização e esta seja necessária para poder transcender o mundo do limite e realizar o projeto essencial da vida humana de tornar-se aquilo que deve ser, nem sempre o símbolo envia para a progressão do crescimento humano, dada a ambiguidade motivacional existente no inconsciente, em particular.

Essa é a razão pela qual Ricoeur diz que, do processo de simbolização decorre uma possível e necessária interpretação por parte do consciente, onde o símbolo deve ser revelado e desmistificado[46]. É justamente por causa desta dupla função que o símbolo pode possuir, a de regressão ou a de progressão,

---

44. KIELY, B. *Psicologia e Teologia moral.* Op. cit.

45. BECKER, E. *Escape from evil.* Op. cit.

46. RICOUER, P. *Freud and philosophy.* New Heaven: Yale University Press, 1970.

que L. Rulla afirma que a dialética de base no ser humano pode ser mais ou menos acentuada e, consequentemente, de maior ou menor influência sobre a realização e o tipo de autotranscendência ou de consciência que o indivíduo poderá alcançar[47].

Por isso, o ser humano, que às vezes se debate dramaticamente, pode ser não somente aquele que permanece amarrado e sufocado pelo mundo material, imediato e contingente, como também aquele que, – movido pela sua ânsia e insatisfação do que consegue aferrar, embora lançando-se em busca do sentido mais profundo, mas por não ser capaz de interpretar ou de deixar-se interpelar para tornar-se mais consciente de si mesmo e do que deseja realmente –, perde-se numa angústia semelhante àquela do indivíduo que pouco raciocina e pouco intenciona. Tudo isso, porque no balanço dialético da existência humana o inconsciente joga um papel muito importante e, por vezes, determinante.

A ferida humana e a dimensão do Mistério infinito

Veja como o ser humano vive continuamente diante da realidade do mistério. Mistério, este, que envolve a si mesmo enquanto se experimenta como um ser que existe, mas que não se conhece totalmente. Um ser que deseja imensamente a plenitude de seus anseios, percebe as inúmeras possibilidades de realizá-los e, ao mesmo tempo, vê que não consegue abarcar com o seu conhecimento a totalidade do objeto de sua realização. E por não ter nenhuma certeza de que o que ele deseja será realmente conquistado, angustia-se por ter que apostar tudo de si mesmo sem nenhuma garantia prévia de ter o que almeja. Eis a angústia! É que tal mistério é algo, antes de tudo, vivido em

---

47. RULLA, L. *Antropologia da vocação cristã*. Op. cit., pp. 243-375 e 381-384.

todos os fenômenos da existência humana, no ter que estar no tempo, no dever procurar continuamente mais do que já tem alcançado, na busca do outro e do seu amor, na insatisfação de si mesmo e nas inquietudes pessoais. No entanto, tal realidade de mistério vivido, antes que uma desgraça é uma situação privilegiada, quando experimentada no amor e diante do grande mistério. Pois, "o mistério nos seus vários aspectos é precisamente esta presença que envia a algo mais, é presença e ausência ao mesmo tempo, algo que é e que não é"[48].

Aprender a estar diante do Mistério

Para compreender a si mesmo, portanto, é preciso enfrentar a angústia, entrar nela, tomá-la na mão e seguir a trilha de sua origem. Isso significa enfrentar o mistério. Aquele que decide caminhar diante do mistério vai aprender a permanecer diante do vazio de ter de ficar ali. Isso significa não fugir da ferida e da angústia gerada por ela. Há várias maneiras de fazer isso, mas um dos grandes desafios é aprender a lidar com os pensamentos, pois a mente é rápida em descobrir mecanismos para nos transportar para bem longe do cerne da vida e daquilo que ela nos pede a cada momento. Há que se compreender como funciona em nós a mente que pensa e qual é a função do pensamento no caminho de quem peregrina em busca do essencial.

O córtex cerebral – essa última parte biológica constitutiva do cérebro humano, responsável maior de toda a complexidade da mente que envolve pensamento, raciocínio lógica, intelectualidade, teorização e toda a capacidade de produzir e armazenar conhecimento nos arquivos da memória cognitiva –

---

48. IMODA, F. *Sviluppo umano* – psicologia e mistero. Op. cit., p. 44.

também tem um importante papel na vida do ser humano diante da tarefa de ter de desenvolver-se num mundo corpóreo e materializado sem perder a conexão com a originalidade primeira e essencial. Pesquisas mostram que cabe principalmente ao terceiro cérebro o exercício de prevenção da vida. Que a ansiedade em relação ao futuro estaria intimamente ligada a uma atividade racional do ser que precisa se preparar para o que vem adiante. Aquela parte da mente que pensa, reflete, faz conjecturas, deduz e escolhe é a mesma que, quando bem saudável, pode estar a serviço, não só da constituição sadia do ser humano que se desenvolve e cresce, como também diante da tarefa de ter de conferir significado às dores da vida e ao complexo inteiro da ferida da alma.

O grande filósofo francês do século passado, Paul Ricouer, teve a lucidez e a coragem de afirmar – numa época em que ainda o racionalismo filosófico imperava com grande poder – que não basta à mente humana compreender e explicar, é preciso aprender a interpretar. E de fato, se observarmos bem, em tudo o que é apreendido e possível de explicação – por mais que isso seja uma bela atividade da mente na compreensão das experiências humanas –, corre-se o risco de cair numa mera intelectualização. É incrível o modo como num colóquio terapêutico. Por exemplo, algumas pessoas falam de suas experiências, elas contam os fatos vividos por elas, inclusive aqueles que mereceriam muitas lágrimas, como se estivessem falando da vida de outra pessoa. Fazem um tratado teórico dedutivo e explicativo do fato vivido sem entrar emocionalmente nele, sem colocar-se como o personagem principal dele. Elas têm muitas explicações para o fato, inclusive, dizem ter tirado lições de tal experiência, mas não se curam dela por não sair do intelectual. Elas têm boas explicações para o fato, mas não têm ainda o significado mais profundo que poderia vir dele. Por que isso acontece? Justamente, porque essas pessoas não têm ainda, no seu processo mental da atividade de pensar, a abertura para a interpretação. Digo da abertura porque quando bem desenvolvida, a capacidade de interpretação é a cura da doença do pensar frio, calculista e lógico racional. Na filosofia isso se dá quando o filósofo passa do pensamento analítico sintético puro para a visão hermenêutica da realidade. Na verdade, a hermenêutica é a conversão do filósofo. Pois, nesse processo de mudança metodológica, ele ultrapassa os processos mentais do pensamento para, sem abandonar às faculdades do pensar, seguir buscando o sentido mais profundo e inteiro da realidade, a partir da interioridade do fenômeno.

Na terapia, um dos sinais de que o indivíduo começa a se curar é quando ele vai aprendendo a interpretar os acontecimentos de sua vida, deixando aos poucos de se tornar vítima deles para torná-los caminho para o despertar do ser. Só daí em diante pode-se dizer que ele está se curando porque, com o tempo, isso se torna um método de vida, um jeito de transitar a vida: ele aprendeu a buscar o que está além do óbvio dos fatos. E o que é viver senão aprender do que fora vivido? Pois, só vive mesmo quem passa a limpo o seu viver através da interpretação do vivido. Só assim será possível alcançar o sentido.

No entanto, a verdadeira e sadia interpretação vem somente na medida em que se conhece o pensamento e a dinâmica do pensar. É preciso e urgente conhecer os pensamentos. Descobrir a dinâmica que eles exercem sobre a mente. Pensar pode ser veneno e pode ser remédio. Pois, numa alma ferida há também um pensamento que está em função da ferida. É preciso conhecer a doença do pensamento, uma vez que a ferida original também atinge a faculdade do pensar.

4
O PENSAMENTO DOENTIO

É inacreditável o que o pensamento pode fazer com aquele que o pensa.

William James, grande psicólogo americano, diz que "a grande maioria das pessoas pensa que está pensando quando, na verdade, está apenas rearrumando seus preconceitos". Muitas pessoas se tornaram prisioneiras de suas ideias e muitas outras fizeram de seus pensamentos verdadeiros cárceres para suas vidas. É que o pensamento facilmente fica à disposição de nossa mente para auxiliá-la naquilo que de mais urgente ela possa precisar. Pense, por exemplo, quando alguém não quer ou não consegue ver um problema que estaria prejudicando socialmente outras pessoas. Todos podem mostrar a ela concretamente os danos de seu comportamento antissocial, mas ela, além de não ser capaz de ver, vai justificar esse seu comportamento com mil explicações, até o último argumento. E ela acredita firmemente no que afirma. Outras pessoas sempre foram muito agressivas nas suas relações e, em vez de rever seus comportamentos e mudar de conduta, acabam se conformando com esse estilo explicando a si mesmas e aos outros que são assim porque têm "uma personalidade forte".

Eu me lembro quando, em terapia, tive de questionar a alguém que constantemente afirmava ter um temperamento forte. Quando, numa pergunta, fiz entender a ela que aquilo poderia ser pura agressividade, ela quis se levantar e bater a porta do consultório. Ela já havia abraçado esse pensamento!

A psicologia comportamental cognitiva tem uma abordagem terapêutica que vai em busca dos pensamentos automáticos inconscientes que atormentam o indivíduo e estão na base de muitos de seus problemas emocionais. É incrível o poder que têm esses pensamentos automáticos. Por serem inconscientes, na maioria das vezes eles chegam antes de qualquer compreensão possível mais real e positiva dos fatos. Eles se alimentam todos os dias de pequenos fatos ou conflitos que acontecem na vida do indivíduo para justificar aquilo que, no seu mais profundo, o indivíduo pensa de si mesmo. Alguns desses pensamentos podem ser, por exemplo: "comigo nada dá certo", "os outros são sempre melhores do que eu", "eu sou um estorvo", "alguém vai me enganar", "sempre tem alguém querendo o meu mal", e muitos outros. Poderíamos fazer um elenco enorme de possíveis pensamentos automáticos doentios que subjazem no nosso inconsciente, mesmo que conscientemente não pensemos assim. Toda pessoa que carrega uma imagem muito negativa de si mesma, carrega também pensamentos automáticos inconscientes que alimentam essa imagem, mesmo que negativa. Também vale para o contrário, todo aquele que tem uma imagem grandiosa de si mesmo recrutou pensamentos automáticos que garantem a sua grandiosidade.

O Rabino Nilton Bonder tem um belo jeito de falar sobre isso que estamos dizendo. Ele sustenta que não existe essa história de que o universo conspira a favor de alguém – quando as coisas na vida dessa pessoa sempre dão muito certo, ou que o universo esteja conspirando contra alguém –, quando as coisas parecem nunca darem certo para essa pessoa. O que existe, diz ele, é a graça ou a desgraça. Isto é, se diante daquilo que me acontece eu me ponho a pensar que tudo está dando errado na minha vida, sem procurar compreender o que está acontecendo e sem interpretar a partir de uma luz mais profunda, acabo navegando no rio da desgraça que facilmente me conduzirá aos pântanos de mim mesmo e atraindo uma corrente de outras desgraças. Ao passo que, se eu mantenho sempre acesa a chama da interpretação, da busca do significado, da compreensão da verdade mais profunda, na certeza de que tudo o que está acontecendo não está tão longe de mim e da razão do meu existir, então navegarei no rio da graça, que muito provavelmente me conduzirá ao mar imenso do significado da minha existência, atraindo contínuas situações que expressarão diversas outras dimensões da graça. É preciso observar qual é o fluxo desse rio através do qual a vida navega e, mais importante, detectar onde fica a nascente dele.

O que nos coloca no inferno, portanto, não é o julgamento de Deus e muito menos de alguém outro. São nossos pensamentos que nos acusam, nos julgam e nos sentenciam. O que nos adoece está sempre ligado ao que pensamos de nossa vida. Por isso, nossa mente pode ser veneno. Nosso pensamento pode tornar-se um grande inimigo, um enorme empecilho para a realização de nossa vocação ou de nosso propósito original. O *satã* (que significa obstáculo) está primeiramente na mente humana, depois ele se insere nas tramas dos pensamentos daqueles que semeiam desgraças, maldizendo a vida, o bem e a verdade, embora, paradoxalmente, mesmo assim, não deixam de ser a expressão da ferida coletiva da humanidade pedindo o socorro da cura.

É visível quando a vida de uma pessoa está fundamentada sobre o pensamento antes que sobre a sua essência original. Pois o que nos adoece não é aquilo que fazemos ou deixamos de fazer, mas, sim, o que pensamos sobre o que fazemos ou não conseguimos fazer. Atualmente, por exemplo, uma das coisas que mais alimenta a ferida original e confunde o grande desejo é a noção de felicidade que vigora nos meios de comunicação e no dia a dia do relacionar-se das pessoas, confunde-se conforto com felicidade. Por trás de toda propaganda comercial está sempre a mesma mensagem subliminar: "compre isso que você será feliz". Há, também, outra confusão que recai sobre a saúde: pensa-se que se está doente só quando se é acometido por uma doença física. E não se faz a relação que o físico é somente a parte densa da doença e que, quando ele adoecer, já existe facilmente uma doença emocional e, antes dela, muito provavelmente, uma dor espiritual, provocada e sustentada por pensamentos doentios que carregamos sobre nós mesmos.

O pensamento adora separar, fragmentar para, ilusoriamente, abarcar com mais facilidade. É difícil para o pensamento permitir a inteireza, pois na totalidade ele pode perder o controle. Ele prefere as partes. Depois, ele pode até juntar, mas antes ele precisa dissecar. Veja como é do pensamento que nasce a doença e como o pensamento pode alimentar mais facilmente a ferida antes que propiciar a cura dela!

Eis por que é preciso reconhecer o pensamento que é doente, distingui-lo do pensamento que cura. Mas para isso é preciso curar aquele que pensa, pois alguém doente vai sempre pensar doente, e somente alguém sadio vai poder imaginar e permitir a vida sadiamente. O quanto esse doente está ávido por razões, o que pensa sadiamente está sedento de significados. O primeiro, faz deduções racionais; o último, colhe intuições através da livre interpretação.

O mistério, portanto, precisa de compreensão que venha da interpretação. E essa última vem de um profundo senso de presença. Só quem realmente se põe diante do mistério maior vai compreender o sentido de seu mistério. Só quem se deixar tomar pela presença do infinito vai poder compreender as nuanças da vida envolvida com a finitude, que se derrama nos diversos limites desse mundo de limitações. Assim, o mundo dos desejos nos mantém diante do mistério e o mundo dos limites nos faz encontrar caminhos para viver as dores da vida sem abdicar nunca da presença do grande mistério.

Do mistério da ferida nascem as diferentes perguntas sobre a vida, e são elas que nos mantêm diante da presença desafiadora do grande mistério. Nessa óptica, a tarefa humana maior parece ser aquela de ficar muito vigilante para nunca perder de vista a pergunta da alma em cada momento. Por isso é que se diz que cada ser humano carrega um mistério em si mesmo. E todo mistério clama por revelação, uma vez que o que nos mantém ligados à vida é a consciência da pergunta que nos habita, pois é por ela que alimentamos a relação com o grande mistério, com o grande ser.

A vergonha, a culpa e o medo

Tudo isso que estamos falando sobre o pensamento e suas tramas tem repercussão direta sobre o desejo ferido ou a ferida original. Não é por nada que o pensamento lógico na criança só começa a se desenvolver bem mais tarde no seu percurso de crescimento. Exatamente depois que a ferida se instalou no ser, quando o ser já se fragmentou, quando começa a imperar a fratura entre o eu e o ego, entre a imagem que organizamos e acabamos pensando de nós e aquilo que somos de verdade.

Na constante vigilância do ser em não mais se machucar para não sofrer constrói-se, como vimos, uma estrutura aparentemente protetora do ser. Grande parte da energia da vida, a partir daí, passa a ser usada para defender, ao invés de criar, que era o propósito inicial. Organiza-se todo o viver em função de obter maior prazer e menor frustração. É uma estratégia ainda muito primitiva essa forma de organizar a vida. Mas é aquilo que o ser mais sabe fazer quando não se sente seguro e protegido. É infinito o número de pessoas que fazem as escolhas da vida a partir desse princípio, mesmo que inconscientemente. O que isso pode gerar? Um estilo de vida defensivo e extremamente interesseiro e utilitarista. Sim, um estilo de vida, um método de viver. Como isso acontece? Deixam de ouvir o desejo da alma para seguir a voz do ego, que tem medo de se fragmentar e se perder novamente e que a toda hora fica mandando mensagem para dizer que o perigo está próximo.

Os grandes atores do teatro da vida desse estilo de viver passam a ser a vergonha, a culpa e o medo. Na imagem arquetípica da queda de Adão e Eva no jardim do Éden, encontramos lá que, quando os dois representantes da humanidade tomam consciência da ferida original, imediatamente eles sentem vergonha e medo, gerados pela culpa de não terem sido obedientes à voz do próprio eu, desde o instante em que deram asas aos devaneios do pensamento egóico que lhes prometia ilusoriamente a garantia de poder viver num estado de total infinitude, ao invés de ter de abraçar a ânsia que comporta ter de viver no mundo dos limites e do desejo.

A vergonha é um sentimento muito estranho, pois parece num primeiro momento não nos ferir tanto. É que, na verdade, a vergonha dos outros normalmente não é o pior dos sentimentos. Esse aspecto da vergonha como mecanismo gerado pelo olhar dos outros é importante, sim, mas o que dói mesmo é quando essa é experimentada em relação a si mesmo. Aquela sensação de ver-se marcado, tatuado na alma, por algo que parece não poder mais ser corrigido ou cancelado da vida. É realmente muito estranho ter vergonha de si mesmo, pois essa somente aparece quando acabamos por constatar em nós algo que se mostra muito incongruente com aquilo que realmente somos ou que gostaríamos de ser, e o legado que ela nos deixa facilmente é uma noção de pequenez e de grande inferioridade. É quando o eu adverte não ter sido visto pelo sujeito como de fato é. Em contrapartida, recebe um tratamento de punição, gerado pela culpa de não ter sido verdadeiro consigo mesmo.

A culpa gera um grande sentimento de solidão, pois ela, por sua vez, nos acusa de não sermos suficientemente bons, amáveis e corretos, e que, consequentemente, não teremos a bênção da vida. Ela constrói um conceito abominável a respeito de nós mesmos, colocando-nos num "lugar" extremamente pequeno do ser, como que acantonados em algum espaço escuro e longe de qualquer centro, na sensação de estar fora do grande círculo da luz, num lugar onde não chega o sol.

O grande problema da vergonha que nos encarcera jaz no fato de ainda desconhecermos realmente o que foi que aconteceu que nos faz pensar assim tão pequeno sobre nós mesmos. Quando é assim, ela é algo que permeia o ser. Ela faz parte integrante do conceito de si. Por isso que ela é escravizante.

Ela nos apequena o ser e gera todo um jeito bem limitado de lidar com a vida. Sinto-me pequeno, consequentemente, faço escolhas pequenas. Sinto que não mereço, então escolho coisas que me machucam. Não me sentindo merecedor parece que devo tudo para todo mundo. Eis por que, em geral, a vergonha vem junto com o medo e a culpa, criando-se um círculo vicioso: por não me sentir merecedor, tenho medo de sofrer e, então, acabo escolhendo exatamente o que parece ser do meu tamanho, e é o que vai me fazer sofrer novamente. Nessa óptica, normalmente, as escolhas são impelidas pelo temor de não dar certo, de errar de novo, de não ter o que se deseja, de perder novamente a confiança e a certeza de estar seguro.

Sabe-se que o medo é o irmão ferido do desejo. Eles podem habitar concomitantemente um do lado do outro. Em geral, a vida vai para frente pelo medo e pelo desejo. E o perigo entre eles dois é que se faça arquetipicamente aquilo que Caim fez com Abel: o medo pode matar o desejo. O medo tem a grande tarefa de proteger o ego, enquanto o desejo é o dinamismo da alma. O ego não consegue ficar sereno diante do eu que continuamente pede transparência e verdade. O ego sabe que o eu é verdadeiro e que ele se alimenta da verdade e que, quanto mais dentro dela ele estiver, mais se fortalecerá e estabelecerá o seu reino de sabedoria e veracidade. Por isso é que temos, muitas vezes, grandes dificuldades em fazer escolhas: o coração nos inspira o caminho da verdade para o nosso ser e o medo coloca mil dúvidas a respeito. A alma já sabe o que ela quer para si mesma, mas ela pode ser facilmente roubada na sua liberdade pelo medo. É que o ego tem muito medo da verdade. Ele é, de certo modo, inimigo da sabedoria. Por isso, ele está sempre procurando conhecimento, só que nem sempre conhecimento é sabedoria. Temos muitas ilustrações para entender isso. Lembra aquele professor que conhecia muito a sua disciplina, mas não se relacionava com você, não gostava de ouvir as perguntas e sugestões dos alunos? Lembra aquela pessoa que trabalhando nalgum setor público da sociedade e que você, dirigindo-se a ela, essa não lhe deixa explicar o que você pensa ou deseja e acaba por dizer que quem entende daquilo é ela e pronto? Lembra aquele médico ou psiquiatra ou psicólogo, ou qualquer agente de saúde, que embora tenham estudado muito para bem se formar, na hora que você precisou dele, não lhe deixou falar e explicar a sua dor? O que há com eles? Nada de errado! Só estranhos! É que quando estudaram não olharam antes para si mesmos. Estudaram pensando sempre nos outros e não aprenderam para si mesmos. Isto é, não fizeram do conhecimento sabedoria. Agem predominantemente sob o domínio do ego antes que através das inspirações sábias do próprio eu.

O grande problema do ego é que dificilmente ele age impelido pelo amor.

Nunca ele é gratuito. Sempre há, por trás, uma intenção inconsciente interesseira. O que houve com você, portanto, quando foi em busca de ajuda para recuperar sua saúde com algum profissional da área e voltou igual ou pior do que antes? Nada de mais, é que ele só tinha o estudo, o canudo ou o título. É que o que cura não é o canudo, mas o amor de quem está por trás da profissão. Só com a medicina não é possível curar a dor física de alguém. Só com os remédios não se cura a mente de alguém. Assim como só com técnicas terapêuticas não se curam as dinâmicas inconscientes de alguém que está perturbado com alguma coisa de sua vida. Pois o que cura é o amor e, normalmente, o amor não está vinculado ao ego e sim ao eu mais profundo do ser, à alma de quem fez do seu ser um instrumento amoroso de inteligência que estuda, de conhecimento que compreende, de sabedoria que escuta, sente e interpreta, e assim, com compaixão amorosa, sabe também qual será o melhor caminho a ser seguido para essa pessoa, no intuito de obter de volta o equilíbrio da saúde inteira do seu ser.

O que está, normalmente, por trás de intervenções terapêuticas insuficientes? É que a vida dessas pessoas, mesmo que de bons profissionais, não está alicerçada sobre os pilares do desejo ou do propósito da alma. Eles não curaram a ferida. Tivessem estudado antes para si, teriam aprendido que todo ser só vai poder curar quando se curar a si mesmo. O problema é o que pensam de si mesmos. Eles acreditam que curam. Eles não, o ego é que pensa. Inclusive, facilmente, quando o ego está ferido, ele estuda, obtém títulos, trabalha ferrenhamente, faz projetos, esmera-se muito, mas como isso vem da ferida, muito do que ele faz está em função de uma baixa estima muito grande ou de uma raiva reprimida. Assim como ele estudou a partir dali, também trabalha e exerce a função, do mesmo lugar. Por isso, pode ser muito eficiente, mas muito pouco eficaz.

Por outro lado, também não se cura aquele que, ao se perceber doente, sai em busca do equilíbrio saudável pensando demais que alguém o irá salvar dessa situação desconfortável. É complicado outorgar a algum profissional da saúde – tanto no físico quanto no psíquico e no espiritual –, o compromisso de nos devolver a saúde. Pois só se cura mesmo aquele que, antes de tudo, desvencilha-se do medo. Na grande maioria das vezes demoramos muito para nos curar de uma doença, porque nos acostumamos com ela ou porque ficamos com muito medo dela. Assim, perdemos a confiança na vida que está dentro de nós e, automaticamente, enfraquecemo-nos na tarefa de buscar de volta a saúde e damos ao outro o poder e a tarefa de nos curar. Mas se olharmos bem de perto, ninguém cura alguém: só acontecerá a cura quando houver a abertura para a vida, de ambos os lados, daquele que cura e daquele que deseja ser curado.

Nesse sentido, é interessante observar como Jesus curava. Antes de qualquer atitude diante de alguém doente que o procurava para a cura, Ele sempre perguntava: "tu queres ser curado?" É que inclusive para ser curado é preciso sair do "lugar" da doença, abrir-se para o campo da cura. É desejar ver para além do medo, além do estreitamento da vida: ver além da ferida. Essa pergunta de Jesus acordava o desejo adormecido e ferido de quem o buscava. Chamar para a cura significa ressuscitar o desejo, reinspirar confiança nele, buscar de volta o que era no começo. Enxergar-se, portanto, para além da ferida. Isso significa também posicionar-se mais para lá do medo. Eu arriscaria dizer que quando nos curamos do medo de sermos novamente machucados, só então, não mais adoeceremos. Pois parece que na base de qualquer doença está o grande medo de se ferir e se perder novamente.

A cura do desejo

Para se curar da vergonha e do medo só existe uma saída: aquela do conhecimento sábio. Ter a coragem de abrir uma trilha mato-a-dentro da grande floresta do próprio eu, aproveitando de todos os fenômenos da vida para reconhecer-se e para, assim, poder ver-se realmente como se é. Mas para isso será preciso voltar para o começo. Retornar à origem, lá onde o Ser é original. Lá não só está o Ser-que-se-é como também logo em seguida está a ferida que feriu o Ser-que-é. Só vendo-se realmente será possível retornar ao verdadeiro conhecimento que confere inteireza e serenidade ao ser. Vendo-se na inteireza, dissipa-se a vergonha, que é própria de quem se vê fragmentado e incompleto; da mesma forma, só vendo-se inteiro para curar-se do medo da fragmentação novamente. Eis o caminho de retorno ao grande desejo!

Autoconhecimento faz tempo que virou moda, assim como autoajuda já se tornou palavra vazia, sinônimo de superficialidade, algo de caráter paliativo. No entanto, bem sabemos que autoconhecimento é muito mais do que isso que estamos acostumados a ler e a ouvir. Autoconhecer-se é aprender de si, da vida que pulsa dentro de nós nas suas mais diversas formas de se relacionar com o externo dela. É fazer da vida que se prolonga em nós o lugar de reconhecimento da história pessoal como caminho sagrado e, portanto, de grande e inconfundível significado. É só na medida em que nos conhecemos que vamos nos alegrar com quem somos. Há que se aprender a encontrar-se para deixar de temer o que nos poderia roubar na alma. Assim como há que se conhecer quem se é para afugentar o fantasma que nos habita, construído por nós mesmos a partir de uma visão extremamente parcial de quem nós somos.

Empreender um caminho de autoconhecimento pode ser uma decisão muito pessoal, mas é também um chamado. É preciso ouvir o chamado de voltar para casa. Isto é, vai ser preciso deixar de seguir. Sim, deixar de seguir o que sempre se seguiu e que nos levou tão longe de nós mesmos. Há que se abandonar o caminho que foi caminhado a partir da ferida. Foi tentando sanar a ferida ou fugindo dela que empreendemos essa estrada que, com o passar do tempo, percebemos nos aproximar de fontes tão vazias.

Mas para isso, antes de tudo, vai ser preciso medir o tamanho da insatisfação. Muitas vezes decidimos empreender um caminho de volta para casa quando nos acontecem fatos que nos levaram ao extremo da capacidade de suportar esse estilo de vida que estamos sustentando. Em outras palavras, só quem se perde mesmo vai poder experimentar a sede de se encontrar e ter-se de volta novamente. Isso é um chamado, como disse, porque é sempre uma tentação do ser humano permanecer nos caminhos planos, nas estradas largas, nos lugares que têm sol. Mas as mudanças, quase todas, só acontecem a partir de grandes tempestades. É preciso se desestruturar para se reestruturar.

Portanto, a vergonha e o medo, já, por si só podem se tornar um caminho de retorno. Se seguir o medo, vai encontrar o desejo, pois os grandes medos engendram também grandes segredos. Os grandes iniciados das várias tradições filosóficas e espirituais, normalmente, foram pessoas que no começo tinham muito medo, pois carregavam um grande desejo, embora feridos. Foi enfrentando o medo que alcançaram de volta o grande tesouro do desejo e se tornaram pessoas altamente transfiguradas que continuam sendo para a humanidade arquétipos de vida. É que só um grande medo pode guardar um possível grande desejo. Por outro lado, quando tenho muita vergonha de mim, devo também me perguntar: que imagem deve ser a minha de verdade, que viver na parcialidade dela me deixa assim tão envergonhado?

Portanto, não há outro caminho senão aquele de ver a si mesmo. No entanto, isso comporta a morte. O povo de Israel – que pode ser considerado arquétipo de um povo fazendo o caminho do autoconhecimento coletivo –, desejava muito conhecer Deus e lhe ser fiel. Isto é, tinha um grande desejo de ser verdadeiro e de ser fiel à verdade mais profunda de sua essência como povo. Mas também tinha um grande medo de Deus, da Verdade Essencial, pois para o povo de Israel "ninguém poderia ver Deus sem ter de morrer". Sim, ver-se na sua mais essencial verdade comporta morrer. Morrer aos ditames do ego. Na medida em que se é tocado pela verdade mais profunda do próprio eu, há que se morrer na velha imagem construída pelo ego. Aquela imagem inventada para negar a ferida e esquecer a saudade do desejo. E para isso há que se permitir de ficar sem caminho, sem imagem, sem direção. Há que se abraçar a crise, entrar na sensação de se perder para ultrapassar o portal do medo. Portanto, entrar no medo, entrar na sensação de estar fragmentado, envolver-se naquilo que mais se tem fugido durante a vida é enfrentar o gigante, sem mais ter de lutar contra ele. É reconhecê-lo e fazer dele um caminho para a volta. Mas para isso vai ser preciso tomar outra estrada: aquela que abraça a ferida ao invés de repudiá-la. Há que se abandonar o caminho da fantasia mágica e do poder. Deixar de ser "forte" para fazer o caminho da fragilidade. Na verdade, o caminho é o mesmo, pois é nesse caminho que a ferida tem se formado, mas o jeito de trilhá-lo é outro, se o propósito agora é a cura da ferida.

Autoconhecer-se, num primeiro momento, é não inventar mais nada. Simplesmente deixar que apareça quem realmente se é. É buscar o Eu-Sou pessoal, desde a origem, abraçando tudo o que pode me fazer chegar até lá. O caminho da volta, portanto, é sempre uma recapitulação, mas que exige a percepção nua e crua da realidade: a análise, sim, mas, principalmente, a interpretação do vivido como a nobre casa do mistério de si mesmo. Só assim esse mistério poderá se tornar sagrado e só então a ferida também se tornará sagrada.

O caminho sagrado do autoconhecimento como reconhecimento do próprio mistério deverá, no entanto, *sine qua non*, passar pelos principais âmbitos da pessoa: o físico, o emocional e o espiritual. E essa será, também, a medida da cura. Assim como a ferida tem tocado de forma indelével todo o ser, a cura também vai ter de revisitar os mesmos âmbitos da ferida. Mais objetivamente, há que se despertar o centro espiritual do ser da pessoa, isto é, reencontrar-se com o propósito original, com a vocação primordial, passando pelo emocional do existir, o resgate, então, dos sentimentos e a revivência das dores da vida, no intuito de fortificar a capacidade de amar dessa pessoa, o que se expressará numa forma vigorosa e criativa de viver, através do equilíbrio das energias do masculino e do feminino, como expressões de todo o ser, nesse mundo que abraça a humanidade inteira a caminho.

Não importa de onde começa esse caminho, se de forma descendente, isto é, do espiritual ao emocional e físico, ou ascendente. Do mais sutil ao mais denso ou desse último ao mais sutil, sempre vai ser um caminho em direção ao próprio eu. Um caminho que vai para dentro, para frente e para o fundo. Pois há que se aprofundar e alargar o ser, para que se cure da superficialidade e da estreiteza dos significados, maior causa dos grandes desconfortos do viver.

Há várias formas de empreender um caminho de cura. Às vezes, o desejo de se curar, como vimos, pode vir de uma experiência arrebatadora da qual não se tem mais volta: uma grande dor ou um grande encantamento. A alma pode se aproveitar de várias situações para nos acantonar, não deixando mais nenhuma chance de escapar. Esse é um jeito drástico, diríamos. Mas existe também o caminho itinerante. Aquele que se faz de passo-em-passo. É quando assumimos de uma vez por todas que somos feridos e precisamos nos reencontrar. O primeiro jeito, normalmente, não é uma escolha consciente, por isso é que se chama de arrebatamento, o indivíduo simplesmente se viu nele e sem mais saída. Já o modo itinerante é uma tomada de decisão séria e consciente. Na primeira via, os portais se abrem escancaradamente e sem medida. Na segunda, esses vão se abrindo pouco a pouco, de intuição em intuição. Isso pode acontecer tanto através de um caminho terapêutico quanto no seguimento de alguma filosofia, tradição espiritual ou religião, por meio de estudos, colóquio com um terapeuta ou mestre espiritual, ritos e jornadas de imersão e meditação.

5
REDESPERTAR A PARTIR DA FERIDA

Os caminhos do redespertar do ser ou da reconquista do desejo podem ser muitos. A bem da verdade, não existem caminhos feitos, pois para cada pessoa o caminho se constrói novo. Ninguém segue o mesmo caminho de um outro, mesmo que passando pelas mesmas estradas. No entanto, são muitas e diferentes as visões em relação ao que se entende por maturação do ser e despertar da consciência essencial. Se partirmos do campo físico, temos diferentes visões do desenvolvimento do ser em todas as suas variáveis físicas. No campo da psicologia, da sociologia e da educação também, assim como no âmbito mais sutil da filosofia, da espiritualidade ou da transpessoalidade.

Aqui, diga-se, obviamente, queremos olhar sempre do ponto de vista da complexidade, da inteireza ou da totalidade do ser enquanto indivíduo a caminho do despertar de sua verdadeira essência, tomando consciência de seu valor, importância, dignidade e sacralidade. Como também vimos, acreditamos no ser que é essencialmente bom, iluminado, eterno, com suas raízes no infinito e sua corporeidade como modo de existir nesse mundo que é feito de matéria. Mas também ressaltamos o fenômeno humano da fragmentação do ser, próprio de quem é dotado de liberdade e exerce a faculdade de seu livre arbítrio. Assim, partimos do princípio de que apesar de ser essencialmente livre, bom e sagrado, todo ser é também alguém ferido no seu desejo. E consideramos essa ferida uma das maiores causadoras de doenças e sofrimentos humanos em todas as épocas da humanidade, naturalmente, com as características de sua época e sua cultura. A ferida é transcultural, mas as expressões dos sintomas dela variam de cultura em cultura.

Ao longo da história da humanidade são várias as correntes filosóficas, espirituais e religiosas que trataram da ferida humana e do caminho da vida consciente como um redespertar do ser essencial. As várias tradições o fizeram sempre, e a ciência também o faz, ao seu modo. Ultimamente, através dos fenômenos da humanidade, parece muito mais visível a ferida que se expressa em cada ser humano, do que propriamente a vocação essencial que cada um deles carrega. Isso, num primeiro momento, faz-nos pensar que a maneira como a humanidade fugiu de sua dor original acabou por institucionalizar-se num jeito de viver muito estreito e superficial, satisfazendo-se de experiências imediatas e relativas que, depois, acabam deixando vazios ainda maiores no âmago de cada um dos seres humanos. Mas o pior disso tudo é que, com o passar do tempo, a maioria da humanidade se acomoda e acaba por aceitar e acreditar que a vida é assim mesmo, que não há muita coisa a se esperar de melhor a não ser cumprir os passos mais comuns que a imediatez da existência lhe põe diante dos olhos.

Por razão disso, o despertar humano – essa percepção consciente do ser na sua maior e mais larga profundidade –, também perde sua força inerente. Isto é, aquilo que deveria ser natural em cada ser humano passa a ser um grande desafio para os poucos que o desejam e um mistério para aqueles que nunca sonharam na possibilidade de ir além do puramente imediato e comum da vida.

Eis por que facilmente o despertar do ser – que deveria ser um fenômeno normal da vida humana –, pode se dar através de um grande colapso, uma ruptura da normalidade. Até não é muito difícil de entender isso, uma vez que quando algo é muito repetitivo, lá pelas tantas vai se estressar e exigir imediatamente a mudança. Só quando uma velha estrutura começa a ruir é que haverá a possibilidade de uma nova estrutura tomar esse lugar. Assim como todas as coisas anseiam por renovar-se, muito mais esse anseio está presente no âmago do ser humano. Se olharmos bem, o próprio desenvolvimento humano acontece assim: é uma passagem de um estado a outro gerado pelo estresse do estágio anterior. A culminância do patamar anterior é que vai gerar a força da passagem para o estágio posterior.

No caso do ser que desperta parece acontecer algo semelhante. Só quando alguém se incomoda com seu modo de funcionar é que vai se abrir para uma nova dinâmica de vida. Só um grande desconforto pode nos fazer abrir mão de verdades que considerávamos insubstituíveis. Ou fazemos isso tomando consciência desse desconforto, trabalhando-o em nós mesmos, ou a própria vida muitas vezes se encarregará de fazê-lo por nós. O que são os ditos "surtos" mentais de esquizofrenia ou de bipolaridade? Não são estresses mentais? O que dizer mesmo de uma doença física? Não é o colapso de um sistema de saúde mantido de forma incoerente e insuficiente?

Na maioria das vezes esses colapsos, como dissemos anteriormente, são gritos da alma, avisando-nos que do jeito como levamos a vida não estamos atingindo o cerne dela. E quem é que vai se curar mais facilmente de uma doença física ou de uma crise de ordem mental? Aquele que tomar na mão esse momento de sua vida e deixar se perguntar por ele. Em outras palavras, aquele que fizer desse colapso um caminho de autodescoberta e de avanço em direção ao seu eu mais profundo.

Visto sob essa óptica, cada movimento da vida é um convite ao despertar. Todas as ocasiões o são. Mas quando isso não é assumido conscientemente pelo indivíduo poderá haver uma hora em que a alma não suportará mais essa rachadura entre o ego e o eu pessoal. Eis então o colapso! É uma grande sacudida estrutural podendo causar muito sofrimento para quem passar por isso, ou será uma enorme chance de encontro consigo mesmo para aquele que aproveitar esse instante de maneira consciente e intencional.

Na maioria das vezes, o despertar vem de forma bastante inesperada e estranha. Pois há quem o deseje e outros que se encontrarão dentro dele inesperadamente. Os primeiros, em geral, são os que mais facilmente saberão lidar com o processo e que aproveitarão muito da força dessa tempestade. Os que não estão preparados para ele são os que mais facilmente padecerão os ventos desse vendaval que tudo leva embora.

A esquizofrenia e o despertar

Aqui está também, a meu ver, uma das grandes chaves para a compreensão da esquizofrenia. Enquanto a maioria considera os estados esquizofrênicos como sendo um colapso da mente humana diante da tarefa de gerir dialeticamente a vida através de seus caminhos mais comuns e provisórios, há os que compreendem o existir humano como sendo uma grande viagem do ser ao mais profundo de si mesmo e nos seus mais diferentes recônditos, podendo, assim, passar pela possibilidade de "se perder" no controle dessa dialética, para alcançar aqueles níveis do ser que só é possível experimentar quando a consciência for para além dessa dialética racional de controle.

Justamente por isso é que alguns estudiosos, como R. D. Laing e O. Brown, consideram a esquizofrenia como sendo algo não necessariamente patológico. Pelo contrário, essa pode ser entendida como uma possibilidade de maior saúde, assim como as experiências místicas dos próprios místicos, quando experimentadas de modo consciente, podem ser a oportunidade de alcançar níveis mais altos de transcendência humana. Chesterton, um grande escritor inglês, disse exatamente isso, que a esquizofrenia, na verdade, não é uma doença e sim um tipo de dialética diferente diante da tarefa de ter de enfrentar as demandas da vida.

É claro que estamos diante de um tema muito polêmico e também muito complexo, até mesmo porque a própria esquizofrenia pode se apresentar de modos muito diferentes e em muitas diferentes pessoas. Mas o que pretendemos aqui é perceber como o despertar da consciência humana pode se apresentar de diferentes maneiras e, num primeiro momento, até com características sintomáticas que são as mesmas encontradas em certos casos de patologia severa.

De qualquer modo, em qualquer que seja a crise da consciência haverá sempre um sacudir de estruturas. Quando algo se apresenta como novo ou diverso, para abrir-se a ele será necessário pôr em xeque a estrutura mesma que está diante dessa novidade. Todo arrebatamento místico ou surto esquizofrênico tem uma estrutura normalmente parecida. Inicialmente acontece um fato desencadeador do processo, uma experiência nada comum para a pessoa; em seguida, a perda do controle mental diante disso, acompanhado de grande ansiedade e muita confusão mental; logo em seguida, acontece um migrar da consciência para estágios primários do eu. E então todos os que convivem com essa pessoa já notarão que algo estranho aconteceu, pois o indivíduo parece realmente ter enlouquecido. Isso vale tanto para o místico quanto para o esquizofrênico. A volta da experiência é que se torna diferente. Normalmente, para o místico o caminho da volta se dá gradativamente e esse não acontece até que ele não tenha passado a limpo toda a sua vida à luz dessa nova experiência vivida. Ao passo que para o esquizofrênico isso passa a ser muito difícil de ser feito, uma vez que essa regressão, devido a certos fatores estruturais endógenos, não estará a serviço do eu. Ao contrário do místico, o esquizofrênico não consegue abandonar o ego e seus medos e tomar as rédeas do próprio eu para reorganizar o caos de si mesmo gerado pela tempestade da experiência. Ele permanece numa confusão entre o ego e o eu, confundindo assim também a questão do tempo interior e o tempo exterior, entre o mundo interno e o mundo externo.

É que a experiência não acontece longe da vida que está sendo vivida. Facilmente, o esquizofrênico é alguém que levava uma vida distraída, sem a consciência do desejo e sem a noção do desconforto da ferida. Ao passo que o místico tem o cultivo do desejo e a noção do desconforto. Ele, de certo modo, inscreve o caminho a ser feito pela alma, mesmo que inconsciente de como isso seria. Ele deseja muito se encontrar. Ele anseia por um nível de consciência humana mais ampla e profunda. Em outras palavras, ele carrega a cultura ou o cultivo da possibilidade de despertar e, portanto, parece estar mais preparado para o voo e, consequentemente, para o retorno dele.

E haverá retorno para o esquizofrênico? Até que sim, menos nos casos de esquizofrenia crônica, onde o indivíduo permaneceu com a consciência nos estágios primários pré-verbais, por exemplo. Mas há os que conseguem também retornar, com a ajuda de medicamentos e de acompanhamento terapêutico psiquiátrico. São aqueles que ao retornarem recuperam seu estado normal do ego e que, inclusive, evoluíram em criatividade, em flexibilidade e até em adaptação. A diferença entre esse e o místico é que o esquizofrênico volta a atuar e se relacionar ainda a partir do ego, isto é, na mesma dinâmica imposta pela ferida original, embora, talvez, de modo mais saudável, ao passo que o místico, por ter alcançado um nível bem mais amplo de compreensão e por ter se reorganizado na sua interioridade, embora mantenha seu ancoramento através do ego para as suas relações com o mundo da matéria e dos afetos, agora o que o move é um centro consistente de amorosidade, compreensão, compaixão e cuidado, próprio de quem se religou à sua essência original, através da comunhão com a totalidade do ser e do existir. Ele se perdeu para se encontrar. Enlouqueceu para se curar da loucura do ego. Enfim, entrou nos porões humanos de si mesmo para resgatar o poder divino que o habita desde sempre, mas que só agora ele poderá tomar consciência dele e viver a partir dele. E a partir de então tudo muda. Instaura-se um outro lugar de visão de tudo. Agora há um centro a partir do qual tudo é visto sob a óptica da totalidade, da inteireza, da comunhão e da transcendência. Tudo ganha amplitude e significado, e tudo se torna útil para compor a integralidade e a teia única da totalidade. E, em consequência disso, tudo se acalma e se torna sereno.

Essa é a grande diferença entre o místico e o esquizofrênico. Esse último, quando volta, continua sua busca de forma ansiosa por algo que responda à sua ânsia interna que não o deixa sossegado. Ao passo que o místico, por ter tocado a essência do ser, também reconhece mais facilmente o que é essencial e o que é efêmero para o existir a partir desse novo eixo.

Trilhar o caminho do desconforto existencial

Uma das maneiras mais comuns e, talvez, mais fácil de despertar do ser perseguindo o desejo original é seguir o caminho do desconforto. Não há maior veneno para a alma do que aquele de ignorar o desconforto da vida. Interioridade humana não combina com narcisismo. A alma é muito amiga dos que se importam com todos os fenômenos da vida. Ela é graciosa para os que trilham a vida confrontando-se constantemente com os desconfortos do existir, assim como ela não aguenta quando alguém se entrega aos infortúnios da vida de forma submissa e cúmplice.

Quando o indivíduo caminha atento aos seus passos, bem mais facilmente vai perceber onde está. É muito provável, para o que estiver atento ao seu desejo e ao seu desconforto, que a alma lhe abra as portas para o encontro consigo mesmo. A atenção atenta é que põe em relação o desejo mais profundo e os desconfortos do existir. Pois só um desejo desperto pode tirar as cinzas que ocultam as brasas de uma ferida que ainda arde. Quando se sabe o que se deseja também se conhece o que pode distanciar desse desejo. E o tamanho do desconforto, normalmente, tem a medida da distância entre o desejo e o modo como a vida está sendo vivida. Por isso, caminhar sob a linha do desconforto pode ser um belo caminho para despertar.

Nesse sentido, despertar não significa ter experiências extraordinárias. Mas, na ordem da vida, descobrir o que é menos óbvio, isto é, o que há de extraordinário na mais pura e simples realidade.

São vários os sintomas que podem revelar o desconforto da vida. Estes podem ser de ordem física, psíquica, moral e espiritual. A maioria das pessoas está acostumada a dar mais importância aos desconfortos físicos antes de qualquer outro, pois a dor física parece sempre ser aparentemente mais dolorida. Mas, como já dissemos, a doença pode ser um bom caminho de percepção do ser. A questão é que quando o desconforto já está no físico o problema pode estar já muito grave. É que normalmente quando o desconforto atingir o físico ele já tem percorrido certamente os níveis anteriores. Eis porque uma doença física pode chegar a ser fatal em determinada época da vida, principalmente ao redor da idade dos quarenta, período em que o desconforto existencial mais se torna evidente.

Para quem está sempre muito atento a si mesmo e ao seu percurso de vida será mais fácil perceber o desconforto já nos níveis anteriores. Normalmente o desconforto aparece antes de modo espiritual. Ele se apresente na falta de gosto pela vida, na pouca alegria em fazer o que se escolheu fazer, no pouco prazer em estar com as pessoas com quem optou viver ou que a vida nos ofereceu desde o começo do existir. O desconforto espiritual pode se manifestar também no desencanto pelas coisas mais simples, na apatia diante das belezas de cada dia, na insensibilidade diante das expressões de amor e de ternura contidas em cada instante da vida.

Quando muito grave, o desconforto espiritual se expressa em forma de um grande vazio, como já vimos anteriormente, uma espécie de sensação de estar no mundo no tempo errado, de não estar sendo compreendido e de ser tão estranho a tudo. A sensação é de que a pessoa não se encaixou no mundo e que habita uma interioridade que não se coliga com nada da exterioridade.

Logo, então, será expresso o desconforto psíquico, pois, normalmente, a doença psíquica é o desconforto espiritual da vida se esparramando para o nível dos sentimentos. Também o desconforto espiritual passa pelos sentimentos, eram sensações da alma, mas aqui agora é a dor se infiltrando nos recônditos da mente da pessoa. É que aquilo que a pessoa está colhendo da vida não está alimentando a vida nas suas mais profundas exigências. E então surge a tristeza, a raiva, o medo e a ansiedade como maiores expressões desse desconforto de cunho psíquico, que quando agravados se tornarão verdadeiras patologias como, depressão, agressividade, fobias e angústia. A tristeza por sentir a vida tão distante de sua originalidade e essência, agressividade por não colher nada do que a alma mais precisa, apesar de fazer tantas coisas na vida que custam o suor da alma, as fobias por sentir o sopro do ser tão estreito que parece conduzir ao sufoco da alma, e daí a angústia da morte do ser, o medo extremo do existir. E o próximo passo é a loucura ou uma doença física, desconfortos extremos que se não trabalhados com profundidade e compreensão abrangente poderão deixar grandes e irremediáveis marcas, ou então serão a chance da cura: do grande salto da desestruturação do ego para o abraço do eu na sua inteireza integral.

Para os que não abraçam o desconforto existencial como caminho de volta para o desejo original lhes sobrará, talvez, uma única possibilidade: a de se adaptarem à vida inserindo-se na sua normalidade cega e mórbida ou esperarem o anjo da sorte que os tire do sono da vida através de alguma "desgraça" que os acorde para a realidade de si mesmos, o que é sempre muito improvável.

A via desconfortável da doença

Quanto mais a ferida original for negligenciada, tanto mais desconfortável poderá ser a forma como ela se manifestará no ser. O desconforto da doença pode ser um grande caminho, embora muitas vezes penoso, de encontrar o fio da volta para casa. Quantas pessoas eu conheço que fizeram da doença uma grande e última oportunidade para retornar a si mesmas. Para algumas, foi uma doença no corpo, muito perigosa. Para outras, uma doença psíquica, como por exemplo, um desequilíbrio emocional severo em forma de estresse ou depressão. Para outras, ainda, uma doença de caráter espiritual, um grande desespero, uma angústia existencial destruidora, que as levou à beira do suicídio. Não importa como a doença se manifesta e em que nível ela escolhe se expressar, no entanto, ela sempre tem um recado para a alma. Nesse sentido, ela não é o fim de nada, e sim, uma grande oportunidade de volta, um caminho de reencontro, uma estrada para alcançar a alma.

Tem me tocado muito a pesquisa de Bernie Siegel, a respeito da doença do câncer, sua simbólica forma de expressão no corpo e a dinâmica que pode levar a pessoa à sua cura ou não, segundo a leitura que essa pessoa faz de sua doença. Em seu livro *Amor, Medicina e Milagres,* ele relata claramente a pesquisa mostrando que o que pode levar uma pessoa a se curar da doença é a maneira como ela faz a leitura de seu momento de doença. Há os que quando descobrem que têm a doença dizem: "meu Deus, vou morrer", e são de fato os que morrem em seguida. Há os que dizem "doutor, me salve!" e são os que duram ainda um tempo com o auxílio das diversas formas de terapia. Mas há os que dizem: "o quê? eu morrer? nada disso!" Segundo o autor, são essas as pessoas que realmente se curam da doença. Mas com que procedimentos? Aproximando delas o remédio certo para a cura do corpo, pessoas queridas para aliviar os seus afetos, e, o que é interessante, reforçando nelas suas crenças positivas em relação à vida, normalmente de ordem religiosa, filosófica ou espiritual. Isso me parece muito plausível pelos seguintes motivos: primeiro, mais uma vez se mostra que quando adoecemos, a doença nos toma todo o ser e em seus diferentes níveis: físico, psíquico e espiritual; segundo, a doença, portanto, tem níveis diferentes de expressão. Para cada nível deverá haver um tipo de procedimento para a cura. Não é o remédio da farmácia, por exemplo, que vai curar a ferida espiritual e nem vice-versa. Terceiro, a cura tem íntima relação com a intenção e o desejo de viver. Quarto, para se curar da doença é preciso sair do paradigma que causou a doença, isto é, só se cura quem sai do lugar de onde sempre olhou a vida, pois dali só se adoece. A saúde só é vista numa montanha mais alta do que aquela da doença: daquela de onde se vê o sol nascer.

Outros pesquisadores, como O. Carl Simonton, Stephanie Matthews Simonton e James Creighton, no livro *Com a Vida de Novo*[49], vêm corroborar com esses dados, quando, em suas pesquisas feitas dos anos sessenta para cá, afirmam que por trás

---

49. SIMONTON, O.C.; MATTHEWS-SIMONTON, S.; CREIGHTON, J.L. *Com a vida de novo*. São Paulo: Summus, 1978.

da maior parte dos casos de doenças de câncer, está uma grande dor emocional não tratada que causou estresse e em seguida a doença. Isto é, um fato emocionalmente dolorido acontecido sem que a pessoa tenha tido a oportunidade ou a capacidade de conferir sentido a ele. Segundo esses pesquisadores, são cinco as etapas do processo que gera a doença[50]: (1) Experiências traumáticas na infância fizeram com que a pessoa tomasse decisões fundamentais na vida a partir do trauma vivido. Isto é, organizou a vida não a partir do desejo da alma e do sonho essencial de sua vida, mas a partir da ferida original; (2) A pessoa vê-se numa roda-viva de acontecimentos estressantes ameaçando a própria identidade. Em outras palavras, vive numa forte tensão por ver-se ameaçada na sua identidade, no seu ser essencial; (3) Não sabe o que fazer diante disso, sente-se impotente ao ter que lidar com os problemas vindos de tal situação; (4) E, assim, não vê uma maneira de mudar as regras para enfrentar tal situação, isto é, sozinha não consegue ver a situação a partir de outro ponto de vista; (5) E, por fim, a pessoa coloca uma barreira entre si e o problema, tornando-se estática, passível e rígida, perdendo a esperança de sair de tal situação, entrando facilmente em desespero. E é aí que uma doença grave ou a morte parece ser a solução. Claro que esse processo é, na maioria das vezes, tudo muito inconsciente na pessoa.

Os autores citados ressaltam que somos nós que damos o sentido aos acontecimentos de nossas vidas. Se o indivíduo assumir o papel de vítima diante de tais acontecimentos, ele mesmo contribuirá para que o pior aconteça para ele. Isso serve para o contrário: quando determinadas situações

---

50. Ibid., pp. 72-73.

da vida são assumidas como oportunidade de abertura e de mudança, tudo toma outro rumo, abrindo-se janelas de esperança e de entusiasmo que serão, inclusive, o remédio para a cura do ser inteiro.

Segundo esses mesmos autores, são quatro as etapas psicológicas que ocorrem quando as pessoas decidem tomar na mão sua doença e fazer dela o caminho de volta para si mesmas[51]: (1) Diante do diagnóstico da doença a pessoa adquire uma nova perspectiva para seus problemas, dando-se a oportunidade de quebrar as regras da rigidez, manifestando seus sentimentos e dizendo não àquilo que a pessoa não deseja mais para ela; (2) Em seguida, ela toma a decisão de mudar de comportamento, de ser quem realmente ela é chamada a ser, entrando assim em contato com seu poder interior, o qual se tornará seu maior aliado para sair da doença; (3) Em seguida, os processos físicos do corpo começam a reagir em face à esperança e ao entusiasmo da vida e, assim, renova-se o desejo de viver e cria-se um ciclo vital mais reforçado; (4) Por fim, o paciente curado "está melhor do que antes". Em suas experiências, também Karl Menninger afirma que os pacientes curados se tornam melhor do que antes, pois assumem a vida com maior entusiasmo do que aquela vivida antes da doença. São pessoas que superaram os mecanismos depressivos que os levavam facilmente à atitude de vítima e assumiram a vida com maior força psíquica e com maior esperança.

Essas experiências vêm confirmar aquilo que estamos dizendo, ou seja, uma estrutura organizada a partir da ferida só vai nos levar ao estresse, à depressão e, consequentemente,

---

51. Ibid., pp. 74-75.

à doença física. Numa situação de extrema vulnerabilidade, como é a doença do câncer, ou o indivíduo rompe com essa velha estrutura e então se cura, ou mantém a rigidez e adoece severamente, podendo inclusive chegar a morrer. Mas, na verdade, nos dois modos há uma morte. Ou se morre no ego, e então renasce a vida e com ela o grande desejo original ou continua apegada ao velho sistema e, então, acontece a pior das mortes: aquela que não tem poder de regeneração.

Há que se dizer também que existem pessoas que não conseguiram se curar no corpo, mas da maneira como viveram a experiência da doença foram se burilando na alma e transformando o próprio ser naquele diamante original escondido que só foi possível encontrá-lo depois de duras penas do ser. É que na sua força misteriosa de entropia a vida é inteligentemente organizada para sobreviver quando não se faz possível viver em estado livre e gracioso. Mas haverá um momento, mais cedo ou mais tarde, em que a verdade original de cada ser será manifestada na sua inteira essência. E para isso se faz necessária uma atenção muito atenta e uma confiança sempre confiante de que por trás do desconforto da vida existe a vida desconfortada com o jeito de como ela está sendo entendida, abraçada e vivida.

Anamnese – a reconstituição da história pessoal

O ponto de partida do caminho da cura a partir da revivência da ferida original será sempre e inevitavelmente a pergunta: "onde foi que tudo começou?" É preciso ter a coragem e a sabedoria atenta de repercorrer o caminho desde o início, com o objetivo de reconhecer em cada palmo da vida trilhada, a luz e sua ausência, com suas mais diferentes formas de expressão.

Há que se perceber onde a vida sente interromper o seu fluxo livre e gracioso. Onde é que uma estrutura livre e descontraída começa a ceder lugar a um sistema rígido e pouco amável de viver. Por isso, o caminho da volta de todo aquele que deseja se reencontrar sempre terá um norte orientado pela pergunta: "onde foi que me perdi?" E então surgirão "lugares" para ali permanecer, momentos e situações para serem chorados, tramas a serem desmanchadas e significados a serem tecidos.

Isso significa passar-se a limpo. Reler-se a partir de outro olhar. Reconstruir-se a partir de dentro e do ponto de vista do eu livre que é capaz de ver o essencial a partir da essência de si mesmo. A anamnese é o caminho de visitação de todos os recônditos do ser através do olhar do amor e da compaixão. Entrar em cada um dos aposentos de si mesmo com a única intenção de contemplar o que ali está. Simplesmente! Sem mais o julgamento e a condenação, sem a culpa e a punição, sem o mérito ou o castigo.

No entanto, o próprio caminho anamnésico, normalmente, precisa ser acompanhado por um mestre. Alguém que faça uma terceira leitura, pois é difícil permanecer puro diante de si mesmo. Não é simples abandonar o olhar antigo, as medidas conhecidas e as respostas automáticas. Um terceiro olhar é o que olha o que foi visto, o que observa o que foi observado, como foi observado e o que foi feito com o que fora encontrado. O terceiro olhar é, também, aquele que olha o que vem se enxergando, o que observa o que está se observando, o que abraça aquele que está se autoabraçando. Um terceiro que abraça tudo, o que fora vivido e o que está sendo revivido para que se reconcilie tudo numa única inteireza. Daí nascerá a noção de que nada foi em vão, nem mesmo a ferida. A sensação de que tudo estava certo, mesmo aquilo que tanto doeu.

É que só um terceiro é capaz de conciliar os polos e destituir qualquer possibilidade de unilateralidade. É o terceiro que nos arranca da culpa, da parcialidade e da tirania do julgamento. Pois o terceiro é misericórdia, compreensão, compaixão, perdão e abraço incondicional, amoroso. Ele é paciência, é verdade, é liberdade, é plenitude. Ele não faz mal algum, não acusa, não desvaloriza, não despreza, não exige explicações nem justificativa, ele simplesmente está aí de forma plena, inteira e essencialmente presente. Pois só Ele é aquele que realmente é.

Eis por que, num primeiro momento, no caminho anamnésico, o terceiro é alguém concreto, uma pessoa, um orientador, um mestre, mas, em seguida, o terceiro pode tornar-se o Absoluto, o Grande Ser, a Grande Consciência, Deus.

Todos os grandes mestres espirituais que a humanidade gerou se tornaram pessoas intimamente unidas ao Ser Essencial. Pois eles foram percebendo através do caminho de retorno a si mesmos que só o terceiro é a fonte, emanação e expansão, caminho de volta, inesgotabilidade, sabedoria profunda e manancial. Que só Ele, por ser capaz de escapar das prisões do tempo e se sustentar através da eternidade, pode tornar eterna cada existência. Assim, só ele também é que vai garantir a segurança básica e necessária para caminhar todos os passos dessa vida no tempo, sem sucumbir ao medo do fantasma da morte, que ilusoriamente, parece ser o único que pode roubar ao ser a grande esperança de eternamente existir. Eis por que o terceiro também é regaço, lugar de entrega, regozijo, e causa de grande alegria.

É claro, no entanto, que na existência humana o terceiro é também o indivíduo mesmo: aquela parte de si que é livre e incancelável. É o ser essencial que não é atingido pela ferida. Aquela centelha de eternidade que habita cada ser que existe, mas que pode ficar escondida e até esquecida por de trás da ferida. Ao acessar esse terceiro humano de nós mesmos é que encontraremos o caminho da verdade de todas as coisas. Ali tudo é claro, transparente, verdadeiro, único e eterno. Ali não há lugar para o que é sombrio, não há espaço para o que dói, não pode habitar a dualidade nesse lugar. Eis por que dali tudo é claro. Na medida em que o indivíduo alcançar o terceiro de si mesmo, então ele pode dizer que está se tornando livre. E é quando ele começa a experimentar a grandeza de si mesmo, apesar de tudo. Sim, pois apesar de tudo ele nunca deixou de ser o que ele essencialmente é. Agora ele conhece isso. Antes, talvez, ele simplesmente soubesse, agora ele tocou o essencial de si, entrou nos átrios sagrados do próprio ser. De agora em diante, ele é um ser anamnésico. É quando se diz que houve a cura da alma.

Na realidade, a vida de quem está bem atento é uma constante anamnese. Torna-se um jeito de viver, esse de se visitar constantemente no que é vivido, mesmo o mais recente. E é isso que vai garantir a noção de inteireza do ser, da visão abrangente e da percepção da totalidade de si mesmo e da própria história de vida. De agora em diante, tudo se torna manifestação do ser. Quando se atinge o centro do ser de si mesmo ali se torna o lugar de onde tudo é visto, é o ponto de vista da vida, lugar de interação e de retorno. Enraizamento e abertura, como insiste em dizer o Jean-Yves Leloup. Isso se torna um estilo de vida porque, de agora em diante, o indivíduo vai permanecer atento às manifestações do ser. Tudo será manifestação do essencial de si. Isso pode se chamar de "volta pra casa", reeducação do existir, hermenêutica viva, atenção atenta ou viver consciente. O fruto desse estilo de vida será a experiência do avolumar-se do ser. Tudo se amplia, toma dimensões largas e profundas e tudo tem sentido, nada é fragmentado do todo, tudo dança numa única inteireza. No fim de tudo, isso é que vai conferir uma grande confiança ao ser, a sensação de profundo amparo e imensa gratidão por existir. A meu ver, isso significa ter fé: ver o que está além do que está sendo vivido, perceber a manifestação do ser em tudo o que está sendo experimentado.

Mas, para essa visão anamnésica de si, normalmente se faz necessária uma iniciação. Vamos compreender melhor a figura do mestre, agora, no próximo capítulo.

6
O CAMINHO DO MESTRE

Tanto para quem despertar por arrebatamento ou por decisão consciente de seguir um itinerário, será sempre necessária a presença de um mestre.

Alguém que já passou por esse caminho. "O mais velho". Aquele que é dotado de sabedoria, disciplina e de consciência atenta, alguém provado na dor e muito familiar ao amor que, naturalmente, sabe ser firme e amoroso, brando e exigente, alguém que não faz o caminho do outro, mas que está ao lado, cuidando do caminho e do coração do caminheiro.

Na gnose cristã um bom mestre é aquele que é justo. Na cabala ele é chamado de Tzaddik, o qual tem a bênção do anjo Tzadkiel para iniciar, orientar e abençoar o iniciado. Tzadkiel é, inclusive, o anjo que deve ser invocado quando se quer encontrar um tzaddik vivo e a comunidade espiritual certa para pertencer, segundo o tipo de alma que se tem[52].

Na Tradição Cristã conhecemos também o que se chama de acompanhamento espiritual que, segundo o monge e escritor Anselm Grün, é uma prática que existe desde o tempo dos filósofos gregos, como acompanhamento moral. Sócrates

---

52. MALACHI, T. *Cristo cósmico*. São Paulo: Pensamento, 2006, p. 160.

era considerado um orientador da alma. Plutarco, Epíteto e Sêneca eram mestres e confessores, orientadores da vida espiritual, tanto através dos ensinamentos, como pelo exemplo de uma vida eticamente diferenciada[53]. Mas no cristianismo, propriamente, encontramos a orientação espiritual como prática muito difundida, particularmente, no monacato primitivo, onde o orientador era considerado um pai espiritual e a quem o discípulo se dirigia para receber ensinamentos, abrir o seu coração, falar de seus pensamentos e emoções, dispondo-se de ser orientado por ele de maneira diligente e obediente.

Toda iniciação, como todo rito de passagem necessita do mestre, daquele que "provoca" o momento. Ele é o mediador, portanto, alguém que através do amor e da disciplina gera o campo do processo que transforma, que favorece a passagem para outro nível do ser. Mas ele também é aquele que acompanha os passos depois do portal, do arrebatamento, do rito propriamente dito. Ele estará do lado daquele que faz o caminho para dar-lhe segurança nos passos e para fazer as perguntas certas para cada momento, se for necessário.

Por sua vez, todo discípulo vai dedicar-se ao seu mestre. Não só no cristianismo antigo, mas na maioria das grandes tradições o discípulo é chamado à obediência ao seu mestre. Não no sentido de lhe ser submisso, mas na tarefa de ser humilde e confiante para crescer na entrega e na permissão de ser alquimicamente transformado. Não há discípulo sem mestre, como não há caminho sem que alguém o caminhe. Tanto o mestre como o discípulo têm a bênção do sagrado. Ambos são arquétipos da humanidade desde os tempos mais remotos dela. Há sempre

---

53. GRÜN, A. *A orientação espiritual dos Padres do Deserto*. Petrópolis: Vozes, 2013.

alguém diante de um outro na hora que se cresce. Entregar--se a um mestre é inicialmente olhar muito para ele e escutá-lo atentamente, para em seguida internalizá-lo, para que, no fim, internamente, sobre somente a consciência pura do ser que é.

Outro aspecto que reforça a importância do mestre é o fato de a ferida normalmente ter acontecido diante de um outro. Se adoecemos diante de alguém, só diante de alguém é que também seremos curados. Nesse sentido, a psicanálise tem dado sempre muita importância ao papel do terapeuta para a cura através da análise dos mecanismos da transferência, da identificação e da projeção. Porque, num primeiro momento, toda transferência ou identificação projetiva pode estar em função de uma neurose ou de uma doença emocional, mas é bem verdade também que para curar-se se faz necessário o surgimento de uma nova imagem projetiva, uma fonte identificadora positiva, sadia e, portanto, libertadora.

É muito interessante observar no indivíduo em processo de despertar espiritual como a figura do mestre vai mudando dentro dele e como outros mudam inclusive de mestre durante o caminho, quando percebem que esse não consegue mais ajudá-lo. É que não é qualquer um que pode ser mestre de qualquer outro. O mestre precisa ser alguém que também encantou o discípulo. É alguém que, sem explicação, o discípulo sente-se chamado a seguir. Há que se desejar muito encontrar um bom mestre com o qual poder deixar-se encantar e que, por sua vez, o mestre sinta-se livre em acompanhar. Eu pessoalmente fiz essa experiência de seguir pessoas às quais eu confiei meu desejo, dando a elas a permissão de se tornarem mestres do meu desejo. Não foram muitos, mas aqueles com quem mais cresci foram sempre os mais significativos para mim. Alguém que me via além do que eu dizia, alguém que ia bem mais profundo que as superficiais explicações de minha dor, alguém que inicialmente acreditava mais em mim do que eu mesmo, que confiava bem mais no meu caminho do que eu nas horas em que era muito duro prosseguir. Mas também me recordo de um dos meus mestres que eu não havia escolhido para seguir. Senti-me meio que obrigado, em vista da necessidade de ter alguém que me acompanhasse. Foi difícil criar empatia. Ajudou-me muito na compreensão da figura de meu pai, com quem também não tive muita empatia na infância, por ter feito parte diretamente da formação de minha ferida original. Mas o que mais me incomodava desse meu mestre era o desleixo consigo mesmo. Algo que me soava muito longe de ser simplicidade de espírito. Era uma espécie de agressividade passiva que me atingia muito. Até que um dia eu pude dizer a ele que não achava que fosse me curar se ele não era para mim uma fonte inspiradora de cuidado e de liberdade. Querido! Ele também tinha lá sua ferida, é certo. Mas como foi difícil segui-lo. Por outro lado, ele era muito desprendido de tudo e muito disposto a estar ali a qualquer hora. Tinha uma ingenuidade de criança nas horas em que se permitia ser livre, apesar de tudo.

Há que se dizer, no entanto, que tudo o que estamos falando de belo sobre o mestre e de sua importância, também é de certa forma muito relativo. O que importa é que o discípulo permaneça muito presente ao seu mestre, mesmo que este não seja tudo o que ele espera. Pois há fontes também pequenas que saciam a sede nas horas em que a sede também ainda não é tão grande. Se realmente acreditamos no rio da graça, vamos perceber que para cada época temos pessoas que são nossos anjos no caminho, para aquela etapa de nossa viagem. Até porque, na verdade, ninguém vai ter um mestre para sempre. Ele é importante até alcançar a "terra prometida" do nosso ser. No momento que avistarmos essa nossa terra, então podemos lhe correr ao encontro, subindo e descendo montanhas e colinas, sem mais perder a direção dela. Pois, uma vez chegados lá, não sentiremos maiores necessidades a não ser aquela de retomar a posse do desejo e viver segundo as suas inspirações. Assim, aquele que até então era o discípulo, agora pode passar a ser mestre daqueles que se encantarem pelo jeito de como ele fez o seu caminho e pelo dinamismo como vive o grande desejo.

Gostei muito de um texto que me chegou por *e-mail*, há algum tempo, que descrevia uma série de características de um bom mestre espiritual, embora, lamentavelmente, não tenha conseguido descobrir o autor dele. Como disse, gostei muito desse texto e quero fazer uso dele, com a permissão e a gratidão de quem for o autor, Deus o sabe, para aprofundar mais o perfil de um bom mestre espiritual, a fim de que o leitor também possa ter alguma referência em relação a essa importante figura no caminho do despertar. Tomo a liberdade de não o transcrever literalmente, senão interpretando e traduzindo seu conteúdo numa linguagem mais próxima à que está sendo usada nesse livro, introduzindo alguns comentários e informações que poderiam enriquecer um pouco mais, obviamente, sem a pretensão de fazer qualquer crítica ou desconsideração ao texto, pois, afinal, nem tenho esse direito[54].

Concordo muito quando o texto diz que um grande mestre espiritual assume a carne humana no intuito de purificar humanidade. Alguém de alma provada e livre para transitar o humano, sem estar aqui na terra comprometido necessariamente só com a própria purificação.

---

54. Você encontra esse texto no site www.luzdaserra.com.br.

É um ser iluminado que alcançou a transfiguração de si mesmo[55] através da passagem de vários estágios da consciência, transmitida de geração em geração, chegando até ele numa condição altamente divina, tornando-o capaz de curar e transmutar, inclusive, unicamente através de sua presença e de seu olhar.

É alguém que passou por várias iniciações, alcançando, através delas, o domínio dos impulsos do corpo físico, o controle das emoções e o apaziguamento da mente e de suas tramas, entrando, assim, nos átrios do Mistério Maior para, dali em diante, dedicar-se total e unicamente a Deus, sendo capaz de renunciar a tudo o que nesse mundo pudesse amarrá-lo e impedi-lo de estar à disposição desse propósito, como: família, amigos, bens, títulos, e até mesmo a própria vida.

O passo seguinte foi aquele da união cósmica ou da comunhão universal onde ele, com sua consciência, está em tudo e em todos de maneira divina. O ápice desse processo é aquele da transfiguração propriamente dita, em que ele se torna um verdadeiro ser de luz, em que tudo de si mesmo se transfigura. Nesse estágio, muitos mestres espirituais têm fenômenos extraordinários, como a materialização e a desmaterialização, a bilocação, a elevação, os estigmas, entre outros, embora a maioria dos estudiosos da mística e da vida dos místicos atesta que eles mesmos não dão tanta importância a essas manifestações.

---

55. *Transfiguração* é o termo mais usado na tradição cristã para falar daquilo que as filosofias e religiões orientais chamam de iluminação. Jesus se iluminou no Monte Tabor na experiência da Transfiguração. Os Padres do Deserto ardiam de desejo de se transfigurarem a exemplo de seu Mestre, e todo o cristão que se ilumina alcança, na realidade, a transfiguração do seu ser, que em Cristo, tem toda uma marca inconfundível, própria do cristianismo.

O texto também aponta para as principais características do dia a dia de um mestre espiritual, como: (1) a discrição no falar e a clareza naquilo que é dito por ele; (2) a humildade e a simplicidade expressas no modo pobre e sóbrio de viver; (3) o espírito profético de anunciar a verdade e, ao mesmo tempo, de ter tido sua vida pré-anunciada por algum profeta anterior a ele; (4) sua capacidade de se comunicar em todas as culturas e idiomas; (5) a consciência da missão e da vocação para a qual viera; (6) a entrega absoluta ao propósito da vida; (7) por onde passa transmite muita paz; (8) tem grande sensibilidade e capacidade de conexão profunda com tudo; (9) cura através do olhar sereno; (10) e no dia a dia o bom mestre é sábio, compassivo, amoroso, e muito generoso em perdoar.

Outras características de um bom mestre espiritual, para o cristianismo antigo, ainda encontramos no livro de Anselm Grün, na obra acima citada. Através de seus estudos o monge escritor tem observado que para os Padres do deserto o mestre espiritual é aquele que antes de tudo se tornou *pneumatikos,* isto é, pleno do Espírito Santo[56]. Alguém que foi tomado por essa força de tal forma que, corpo e alma se uniram numa única realidade, fazendo com que tudo o que é vivido, todas as experiências e descobertas de si mesmo sejam apresentadas ao Espírito para serem transformadas e consagradas, fortificando a unidade dessa inteireza. Sendo assim, um mestre espiritual só poderá de fato sê-lo plenamente a partir do momento em que toda a sua vida for apresentada ao Grande Pneuma, em todas as suas mais diferentes dimensões.

Pois, para os Padres do cristianismo antigo, um mestre espiritual precisa ser conhecedor dos mistérios de Deus e do

---

56. Ibid., p. 16ss.

coração humano. Da filosofia grega eles sabiam que o dom do conhecimento do ser humano a partir do coração se chamava de *cardiognose*, o qual era acompanhado, particularmente, pela arte da observação sutil: conhecer a pessoa internamente a partir de seus movimentos externos, de seus gestos, palavras, tom de voz, maneira de olhar, de caminhar, de sorrir, de se aproximar e de expor suas questões interiores. Fala-se que Eutímio tinha esse grande dom e que o bem-aventurado Paulo, inclusive, conhecia o que se passava dentro de cada um que se aproximava dele, a ponto de perceber se essa pessoa estava rodeada por anjos ou por demônios.

Nessa óptica, portanto, o mestre espiritual é também aquele que aprende a discernir os espíritos, dom que se chamava de *diácrise*: o de perceber os pensamentos e os sentimentos que habitam o coração humano. No entanto, eles sabiam que nenhum mestre espiritual conseguiria pôr em prática esses dons sem antes ter observado atentamente a si mesmo, sua interioridade, discernindo seus pensamentos e sentimentos, sutis ou evidentes, conscientes ou inconscientes, a fim de purificar-se de suas falsas intencionalidades e desvencilhar-se de suas amarras, para poder livremente orientar o discípulo sem condicioná-lo pelas possíveis impurezas motivacionais de seu mestre.

Portanto, o mestre espiritual no cristianismo iniciático é, antes de tudo, alguém que conhece profundamente a si mesmo, suas paixões, suas feridas, suas lutas internas, seus desejos e os obstáculos para realizá-los. Só assim ele se tornaria como o Cristo, "o médico para a alma dos que buscam o conselho"[57]. Ele é, portanto, alguém que tem clara consciência de

---

57. Ibid., p. 23.

sua ferida original e do dinamismo que se gerou internamente através dela, e que, por isso, também a transcendeu.

A esse movimento purificatório, Evágrio chamou de *aphateia*, processo que conduz à clara consciência dos próprios dinamismos humanos internos e ao reconhecimento da força crística que habita o coração de todo aquele que decidir curar a ferida de sua alma através do caminho da gnose. Nesse sentido, *aphateia* significa tanto combate quanto amor. É combate enquanto representa essa luta contra as paixões para ser puro diante de Deus e de si mesmo, e é amor na medida em que, liberto de suas próprias paixões, o mestre vai estar mais livre para poder ouvir e compreender os seus discípulos, reconhecendo-os na sua originalidade e verdade pessoal, sem interferir no processo individual de cada um.

Segundo Evágrio, portanto, o mestre espiritual tem o dom e a tarefa de arrancar de dentro do discípulo o que ele é de fato, a fim de que ele possa ter o pleno conhecimento do significado profundo de si mesmo diante do mistério infinito do amor de Deus. Mas ele sabe também que isso só será possível na medida em que ele conhecer a si mesmo, então aprenderá continuamente também daqueles que ele orienta, pois, na medida em que este se encontra diante dele é também um espelho de sua própria humanidade, tanto naquilo que é sadio quanto no que ainda está para ser curado.

Sendo assim, o mestre é alguém que cura por ter-se curado primeiro, e alguém que continua a curar-se naqueles que ele vai despertando para o verdadeiro conhecimento de si mesmo, através das várias experiências, nas mais diferentes dimensões do mistério de Cristo. Como diz Bunge: "aquele que cura os seres humanos por causa de Deus tacitamente traz a cura também para sua própria alma. Na verdade, o remédio que o gnóstico administra a seu próximo pode curá-lo ou não, mas com certeza vai curar plenamente a própria alma de quem o administra"[58].

Através da *aphateia*, portanto, o mestre espiritual, segundo Evágrio, consegue alcançar a clareza do coração, reconhecendo assim em si mesmo as marcas deixadas pela ferida inicial e liberando toda a força da energia divina que habita o ser, tornando-o capaz de perceber, discernir e orientar a vida de todo aquele que dele se aproximar para ser por ele ajudado no processo de autodescoberta.

Mas é também através desse processo de *aphateia*, segundo Evágrio, que o monge que orienta alcançará outra característica necessária para um bom mestre espiritual: a mansidão (*praytes*). Isto é, aquele sentimento que vem depois de ter ultrapassado as paixões da raiva, do medo, da tristeza, da inveja, enfim, dos impulsos intrapsíquicos, tornando o ser capaz de compreensão, compaixão e misericórdia. É quando propriamente a alma está pronta para compreender, interpretar e orientar sadiamente. Esse é um estágio elevado da consciência do que orienta, próprio dos grandes mestres, mas que se encontra também, mesmo que em níveis diferentes, em todo aquele que está a caminho do conhecimento do seu ser.

Como visto, contrariamente do que em geral se pensa, o caminho de autoconhecimento não anula os sentimentos humanos de quem se conhece. Muito pelo contrário, na medida em que alguém vai conhecendo a si mesmo vai, ao mesmo tempo, liberando todo tipo de sentimento aprisionado, inclu-

---

58. BUNGE, C. *Geistiliche Vaterschaft* – Christliche Gnosis bei Evagrios Pontikos. Regensburg, 1988, p. 46. Apud GRÜN, A. Op. cit., p. 25.

sive os mais nobres e divinos que nunca se manifestaram por causa do medo ou da ansiedade causados pelas armaduras do ego. Exatamente por isso é que o processo de autodescoberta é também um processo de liberação do desejo, como já falamos muito nesse livro. Uma vez desmascarada a trama da ferida, surge a verdade original do ser. Então não haverá tanta necessidade de se impor, de agredir, de controlar, de combater ou de se prevenir. Há uma verdade inerente ao ser que o conduz e o protege. E essa é talvez a maior força que é encontrada pelo discípulo no coração de seu mestre, razão de sua confiança e entrega para ser conduzido, sem mais o medo de ser novamente machucado por alguém.

Mas, enfim, eu sei que o leitor diante dessas características de um bom mestre possa estar se perguntando: "sim, mas quem, então, realmente está preparado para orientar alguém?" Acalme-se! Claro que essas características são atribuídas, normalmente, a um grande mestre, alguém de uma intensa luminosidade como não muitos da humanidade. No entanto, como vimos, o próprio caminho do mestre vai se construindo. Um mestre não nasce pronto, embora, em geral, ele venha de consciência muito iluminada desde o seio materno. Há mestres que vêm, inclusive, com a vocação para ser mestre e outros que se tornam por vontade própria, mas nenhum mestre que vem com essa missão atribui esse título a si mesmo. Embora na maioria das grandes tradições o mestre já tem seu lugar e papel bem definidos, os verdadeiros mestres sempre resistiram muito a esse título e só o aceitaram na medida em que foram descobrindo o chamado a essa missão, compreendendo-o dentro de um caminho de discipulado que eles mesmos fizeram com algum outro mestre, anterior a eles. Portanto, todo mestre foi antes discípulo de alguém outro.

É preciso dizer, no entanto, que todo aquele que faz um caminho também se torna mestre de alguém, mesmo sem desejá-lo, pois, quando o caminho é trilhado por alguém, há sempre quem se inspire nele depois. Em outras palavras, há sempre quem se inspira no nosso caminhar, por mais humildes e simples que sejamos nesse caminho; pois quem aprendeu, ensina; quem se curou, pode curar; e quem fez a passagem, pode inspirar o caminho.

Enfim, como digo sempre, há que se desejar muito encontrar um bom mestre. E é preciso pedir continuamente o dom de encontrá-lo, pois para o caminho da transfiguração é preciso que alguém nos leve a permanecer diante do mistério, para que ali possamos ficar, mesmo que sozinhos, para sermos iluminados pelo grande sol que espalha o seu brilho a todos aqueles que desejam a sua luminosidade. Embora o caminho seja árduo, não há como prosseguir sem entregar-se a ele. Desejar um bom mestre é estar atento a quem nossa alma nos direciona. Normalmente, o tipo de desejo e a força dele é que nos direcionam também para o tipo de mestre que vamos encontrar. Quanto mais inconsciente o desejo tanto mais fácil de encontrar mestres insuficientes. Eis por que às vezes demoramos muito para nos encaixar realmente num caminho de orientação ou terapia, pois, para cada pessoa há um mestre a esperar. Para cada alma há uma luz a iluminar. E para cada etapa há uma maneira de orientar. Invocar um bom mestre é, antes de tudo, acordar o desejo do mestre que eu realmente preciso. É tomar consciência de que sozinho o caminho sempre é mais demorado. Pois, para todas as coisas, principalmente as da alma, há que ser por alguém iniciado, compreendido e acompanhado. Que o anjo Tzadkiel nos abençoe sempre, tanto no caminho de iniciados quanto naquele de iniciadores que somos!

7
FORMAS DE MANIFESTAÇÕES DO SER

O real processo de orientação espiritual e aquele mais sadio é justamente o que conduz o indivíduo a tomar-se nas mãos. Pois quando alguém é devidamente iniciado passa a se tornar aquela árvore que não precisa mais de estacas para suportar os ventos da vida. Chega um momento em que o discípulo se torna mestre de si mesmo. É quando se instaura nele um jeito de ver as coisas, de interpretar a vida e de ficar presente em todos os instantes de si mesmo de uma maneira muito consciente. Aos poucos ele foi alguém que aprendeu a perceber as manifestações do ser e do Grande Ser em todas as coisas, em todos os eventos. E daí por diante tudo passa a ser manifestação do ser, pois, para quem está atento, tudo fala continuamente. Tudo se torna lugar de manifestação do essencial. Há um contínuo revelar-se de tudo, pequenas manifestações do todo. É exatamente o momento em que não é mais a ferida que fala por primeiro. Não é mais ela que chega como primeira imagem, pois ela não mora mais no primeiro plano do ser. Não é mais ela que ocupa a maior parte da consciência do indivíduo. É quando se pode dizer que é maior a saúde que a doença, é mais ampla a liberdade que o condicionamento, é maior o amor do que propriamente a dor. Enfim, é maior a graça que a sensação da "desgraça" da vida.

Então, a essas alturas da jornada da alma, para o indivíduo, particularmente alguns "lugares" se tornarão, por excelência, âmbitos de manifestação da grandeza do infinito, da beleza, da bondade e da amorosidade do ser. O que é simples se torna amado, o que é belo se torna desejado, o que é bom se torna contagiante e o que é verdadeiro aparece como irmandade da alma. Então, não haverá mais grandes necessidades. Basta o essencial para ficar contente.

Vejamos alguns desses lugares sagrados como exemplos:

A natureza

É incrível como a natureza tem esse poder de revelar muitas coisas. Quem tem sensibilidade com a natureza dificilmente vai passar fome na alma. A natureza sacia a profundidade do ser. Ela nos conecta a nós mesmos e ao Infinito. Ela nos fala de tudo e através de tudo. Quando deixamos nossos sentidos percorrer os diferentes níveis de expressão da natureza vamos sendo tocados por inúmeras expressões do belo, do bem e da bondade. Na sua dinâmica vital, a natureza tem o poder de nos trazer para dentro dela e nos reconduzir ao valor essencial da vida que em nós pulsa de jeito muito semelhante ao dela. O encantamento que nos é provocado nos remete ao nosso valor natural: através do que é visto fora enxergamos aquilo que existe dentro e que não havíamos visto ainda. Ela nos puxa para fora de nosso encolhimento, abre os canais de nossas conexões e cria fluidez na relação com todo o criado.

São Francisco de Assis foi um grande místico que se reconhecia na natureza e experimentava o mistério de Deus por meio de suas manifestações. Via-se muito parte de tudo e por via disso chamava a tudo de irmão ou irmã. Via-se, por exemplo, em cada animal que encontrava a expressão de algum aspecto de si mesmo. Muito amigo do irmão lobo, aprendia de si através dele. Muito amigo da irmã água, aprendia dela a vitalidade divina. Através da irmã morte aprendeu que morrer, além de ser uma dimensão de tudo o que é criado, também é condição para poder nascer de novo. Do irmão fogo Francisco aprendeu que Deus é muito semelhante a esse ardor, e passava horas contemplando o mistério natural desse irmão que é tão belo e intenso e que no seu mistério não se deixa tomar e nem tão perto chegar. Do irmão sol e da irmã lua aprendeu que os amantes são assim, um voltado para o outro e um precisando do outro, mas ao mesmo tempo, cada um mantendo sua forma, masculino e feminino, seu tipo de luminosidade e intensidade, seu jeito de atravessar o infinito e de expressar sua razão de existir. Do irmão fogo aprendeu que Deus é assim, e que das criaturas é a com a qual Deus mais provavelmente se parece. E que somos fogo no mais profundo de nós mesmos, principalmente quando arde em nós todo o poder de nossa vitalidade.

É muito importante observar quais são os elementos da natureza que mais nos são familiares, pois eles falam de nós mesmos. Para alguns é o ar, pois são pessoas mais pensadoras, teóricas, imaginativas e fantásticas. Elas precisam ser mais amigas da terra, que as fará mais práticas, objetivas e enraizadas. Outras são mais fogo, paixão, entusiasmo e mistério ao mesmo tempo. Vão precisar de água para equilibrar a chama. Por outro lado, é preciso observar, dentre esses elementos, quais temos menos afinidade. Eles querem nos ensinar alguma coisa. Se observarmos bem, atrás disso pode estar um medo ou um desejo de alguma coisa que, se dermos espaço, pode nos vir à tona e, então, tememos não sermos capazes de lidar com suas revelações.

Dei-me conta, há não muito tempo, de que quando era mais jovem me encantava imensamente com o mar e, ao mesmo tempo, quando estava diante dele tinha muito mais dificuldade de me manter sereno com relação aos meus sentimentos. Era exatamente a época em que me atraíam mais as coisas da planície, da luta de cada dia, da correria e da competição. Ao mesmo tempo, percebia que de manhã quando saía para caminhar à beira da praia, incomodava-me muito o mar revolto, pois parecia que o mar de fora era o mar que eu carregava dentro naquela idade; ao mesmo tempo, cheio de dúvidas, de sonhos e de medos. O mar revolto revoltava a minha interioridade revolta. Pena que na época ainda não havia me encantado com a arte de me observar mais de perto. Um pouco mais tarde, justamente quando fui para a Itália estudar, período também em que já estava mais habituado a buscar as coisas do meu profundo, tive a oportunidade de me encontrar com as montanhas e os penhascos alpinos. Foi então que eu percebi a diferença que havia entre estar diante do mar e diante das montanhas. Diante das montanhas eu não precisava de nenhum movimento, de nenhuma palavra, de nenhuma expressão a não ser aquela da respiração profunda, prazerosa e humilde. Pois ali eu estava diante de um mistério grandioso que me apontava para o infinito, para o alto e para o Eterno. O silêncio da montanha e a imobilidade daquela imensidão arrancava de dentro da minha pequenez algo também grandioso, firme e silencioso. Eu também era aquela montanha em algum lugar de mim. E ali eu estava seguro, mesmo sem ninguém; estava firme, mesmo sendo tão frágil; estava feliz mesmo sem ter nada. Nunca mais esqueci daquela experiência e nunca mais ela se repetiu, mesmo quando eu retornava lá.

Pela natureza também aprendemos a nos desapegar das amarras da vida observando, por exemplo, como os animais criam seus filhotes. Geram, alimentam, cuidam, protegem, e, depois deixam voar e partir. Uns não voltam mais para seus pais. Há no fundo deles uma noção de que a vida cuida, que Deus conduz, que há um propósito que se cumprirá com suas vidas.

Esses dias em que estou escrevendo estas páginas são de temporais, relâmpagos, trovoadas e chuvas intensas aqui na serra. É incrível observar os temporais. Eles são uma dimensão de nosso ser. De tempestades nós todos precisamos para que se rompam os movimentos repetitivos de nosso ser, a monotonia de expressões de nossos sentimentos e emoções que, às vezes, nem nós suportamos mais em nós mesmos. Quem tem muita energia e poder interior precisa necessariamente passar por tempestades, trovoar as estruturas, ventar forte, para liberar energias velhas e travadas para que se abram caminhos inspirados e se concretizem as intuições obtidas no silêncio e na calmaria. É interessante observar os grandes místicos, inclusive monges e iluminados, amigos, portanto, do silêncio, da paz e da serenidade, disciplinados em manterem-se muito donos de si mesmos, como em certas horas irrompiam de dentro deles forças estranhas que até eles mesmos se espantavam de tamanha tempestade. Forças criativas acumuladas esperando para serem utilizadas que, esquecidas, se manifestarão a qualquer hora em que houver uma oportunidade ou uma distração no controle delas.

Enfim, a natureza como revelação do ser é sempre um belo caminho de autoconhecimento. Há que se aprender a reconhecer dela esse poder que a engendra de abrir em nós janelas de reconhecimento de nosso eu interior num relacionamento amoroso e de comunhão, de respeito e de convivência. Pois é bem verdade que se eu ficar um tempo diante de uma roseira, por exemplo, contemplando-a, sem demora, reconhecerei em mim os espinhos que também carrego, o perfume que me é próprio e a beleza que habita em mim. No Centro Holoikos, onde habitamos e trabalhamos, temos muitas plantas de não me toques, entre outras. Elas são cheias de grandes espinhos e não estão ali por acaso, elas constantemente nos revelam espinhos que também nós guardamos em alguma dimensão de nosso ser. Há também uma fonte de água pura, bela e sagrada, bem no eixo desse espaço de cura e de conexão em que vivemos. É claro que ela foi escolhida para estar ali. Esse espaço não existiria sem ela, e nós mesmos não seríamos os mesmos se não a tivéssemos encontrado um dia. Ela tem uma história muito antiga: saciou muita gente, inclusive em tempos de seca e de fome, em períodos de escassez e de calamidades. É um símbolo sagrado de cura e de bem-estar. Lembra-nos a fonte original. Ela tem, portanto, um papel bem objetivo por estar ali. Serve e honra a um sagrado propósito.

A arte

A arte é a expressão da alma, por meio dela a alma conversa com o ser. A beleza, a bondade e a verdade são caminhos de reconhecimento do tipo de alma que temos. Pela estética alcançamos níveis diferentes do nosso ser. Através da arte deixamos de transitar num patamar comum de consciência para alcançar o que de mais específico nos caracteriza. Todo ser que é capaz de admiração e de contemplação não é mais alguém comum, não pertence mais ao mundo da maioria. Tenho a impressão de que muitas pessoas adoecem porque perderam sua capacidade de contemplação e de admiração. Para elas a vida deixou de ser dinâmica e fascinante.

Quando permanecemos diante de alguma coisa que nos encanta e, contemplando, deixamo-nos tomar pela sua beleza, nesse silêncio da alma abrem-se em nós janelas de revelação do ser. Tocamos níveis de nós mesmos jamais alcançados e permitimos que se revele aquilo que nem imaginamos que possa existir.

Tenho a impressão de que o ritmo do mundo de hoje não favorece mais as pessoas à contemplação. Tudo é muito rápido, extremamente veloz, e muito programado. Mal terminamos de fazer alguma coisa e já estamos fazendo outra, sem termos finalizado bem aquilo que estávamos fazendo. Ou até, facilmente, fazemos várias coisas ao mesmo tempo, ouvimos tudo ao mesmo tempo, respondemos a muitos apelos no mesmo instante. Não há processo de internalização do vivido. Não acontece a substancialização interna do ser, necessária para que aquilo que fora vivido seja registrado e organizado pela alma, responsável pelos arquivos sagrados do nosso viver. Quando fazemos coisas sem ter tempo para contemplá-las, dificilmente conferimos alma ao que fora criado. E de tudo o que for feito sem alma, a alma mesma se encarregará de esquecer, por não conseguir reconhecer. Na raiz de muitas doenças psíquicas e existenciais está um estilo de vida vivido sem tempo para os processos de internalização.

Na história do cristianismo antigo registramos a prática de pintar, meditar e contemplar figuras arquetípicas religiosas através da arte da iconografia. Ao pintar e/ou contemplar essas figuras arquetípicas iconográficas, estando em contato profundo com elas no silêncio, os cristãos não só internalizavam a imagem contemplada, como também acordavam o arquétipo existente dentro deles: o arquétipo da Mulher, da Grande Mãe, do Homem, do Pai, do Filho, do Anjo ou de qualquer outra figura arquetípica contemplada. Aliás, dificilmente existe um ser humano profundo e sábio que não seja praticante do silêncio, da contemplação e da visualização imagética internalizada.

Não podemos nos esquecer, no entanto, de que a arte atinge um campo muito vasto de expressões. Pensemos, por exemplo, na música e na dança, nos seus mais diferentes estilos e ritmos. São expressões do ser através da dinâmica e da harmonia. É que a vida é assim. Consideremos a poesia: as rimas e os versos, as letras e as estruturas poéticas. Ou ainda, a escultura: arrancar de dentro de qualquer coisa informe a forma de alguma coisa que antes não existia. Isso é encantador e extremamente revelador do ser! Acho também muito interessante a arte de moldar: eu me lembro, de pequeno, como entre nós irmãos passávamos horas moldando casinhas de barro. Construíamos cidades de barro, justamente numa época em que éramos ainda muito livres, criativos e inocentes. O que fazíamos eram verdadeiras expressões da alma, na sua mais pura originalidade. Encanta-me muito também o teatro. É fascinante observar os que têm o dom da arte cênica. Eles conseguem incorporar outra personalidade, às vezes, completamente oposta daquela que eles são. De pessoas tímidas que são na vida de cada dia, basta subir no palco, para se revelarem completamente outras.

Seria muito interessante e terapêutico, portanto, descobrir em nós, da arte, o que é que mais nos toca. Qual é a expressão artística que mais nos revela. O que é que nos é mais natural. Para isso, um bom caminho é aquele de perceber como somos quando não temos nada a fazer. Ou, quando não temos nada a fazer, o que é que mais facilmente acabamos fazendo. Naquela hora em que o ser é deixado livre dentro de nós ele vai se manifestar do seu jeito mais original. A meu ver, cada ser humano esconde dentro de si um artista original. Se essa dimensão for por longo tempo sufocada um dia aparecerá em forma de doença. A rigidez e a monotonia são portas abertas para a doença. É que Deus é assim: o divino em nós é também criador. Criar é uma atividade que pertence ao ser como tal.

Ser artista, no entanto, não significa necessariamente construir uma obra de arte extraordinária. Nem mesmo ficar famoso por alguma obra de arte que se tornou conhecida e admirada por muitos. Arte é também cozinhar, confeccionar, tecer, gerar, amamentar, educar, cuidar, ensinar, fazer um arranjo de flores, cultivar um pedaço de terra, fazer um queijo, colher castanhas no inverno, caminhar nas trilhas, escalar montanhas, vender loterias, domar cavalos, colecionar quadros, cuidar de jardins, peregrinar para lugares sagrados, declamar versos, interpretar canções... Arte é tudo aquilo que através de algum gesto, movimento ou atividade física, mental ou espiritual, revela a interioridade de quem o faz, que, por sua vez, é revelação do ser original, através dessas múltiplas expressões da alma.

Os rituais

Rituais ou ritos são práticas estruturadas, mais simples ou mais complexas, que quando vivenciadas geram transformação e mudanças na consciência de quem as praticar. Nós praticamos muitos ritos durante o dia. Uns conscientes e outros inconscientes. Por exemplo, pensemos no rito da respiração. Poucos pensam na respiração enquanto respiram, mas quando nos centramos nela, podemos colher muitos frutos de bem-estar e saúde. Existem práticas terapêuticas, bem sabemos, que fazem da respiração um eixo fundamental para alcançar a cura. O próprio ato de nos levantarmos pela manhã e de nos deitarmos à noite são ritos que quando ficamos bem atentos à prática deles, podemos colher muitos frutos de harmonia e significados profundos.

Na sua maior parte os ritos são, e em geral, de cunho social, religioso, cultural e, portanto, comunitários. Um grupo em ritual gera uma grande energia vibratória. Imaginemos um jogo de futebol, uma maratona olímpica, ou a própria guerra, à parte seu teor negativo e destrutivo: são rituais envolventes e geradores de energia intensa. O carnaval brasileiro é um fenômeno antropológico ritualístico, como bem analisou o antropólogo Victor Turner. Todo aquele que entra em um rito sai dele com outra consciência. Eis por que, ao longo da história da humanidade, e os estudos antropológicos no-lo atestam, os grupos étnicos, as tradições, as religiões, os clãs, nas mais diferentes expressões, filosofias e razões de estarem juntos, têm estruturado seus movimentos de educação e de vida comunitária, normalmente, sobre a celebração de ritos, considerados portais de passagem para outras instâncias de vida, de desenvolvimento e de consciência. Ritos amadurecem e fazem crescer ou destroem e fazem se perder. Ritos têm poder. Arrancam do ser energias que nele habitam e que, quando movimentadas, elevam ou rebaixam. Nesse sentido os ritos fecham ciclos e abrem outros.

Aliás, todo ciclo precisa ser fechado para que se possa abrir outro. Às vezes, para fechar um ciclo de relacionamento com uma pessoa, por exemplo, basta marcar um encontro onde se possa dizer tudo o que precisa ser dito, e se despedir dela de uma vez por todas, para que ela lhe permita, de fato, abrir outro relacionamento mais tarde com outra pessoa. Muitos ciclos deixados abertos com nossos pais ou pessoas significativas de nossa vida não nos deixam partir para outros níveis de relação ou para outros estágios de maturidade de nossa consciência.

O ser humano, portanto, tem necessidade de ritos. Não os ter pode significar estagnação ou bloqueio em alguns estágios de consciência e de crescimento. Ritos saciam sempre alguma necessidade do ser. Por isso é que existem ritos que parecem mais destrutivos, porque servem para os que têm necessidade de agressividade. Mas há ritos que conduzem ao profundo aqueles que necessitam de interioridade, de silêncio e de harmonia. Ritos também deixam marcas, substância interna ao ser, na medida em que tocam e despertam. Num ritual podemos alcançar níveis de nós mesmos que sem eles não teríamos atingido.

Eu, pessoalmente, gosto muito de ritos religiosos, para despertar espiritualmente. Numa celebração, quando você entra nela, vai poder experimentar o divino que está no mais profundo de seu ser. As palavras, os símbolos, os gestos, os sons ou a ausência deles, tudo fala, tudo toca e tudo tem sentido. Eu bem lembro quando estive em alguns países em que eu mal compreendia a língua do rito, mesmo sem compreender quase nada do que era dito, eu sentia muito fortemente o poder daquela celebração, pois as palavras não dizem tudo e, muitas vezes, não compreender as palavras é não participar inclusive, do vício delas. E então o rito nos eleva, conduzindo-nos a "lugares" nunca visitados de nós mesmos. Esse é o poder que o rito tem de revelar o ser.

Temos que rever nossos ritos. Os ritos que conservamos e que nos fazem crescer e aqueles que continuamos a presidir e a exercer, mas que nos mantêm ainda no nosso mundo infantil, imaginário, pueril e antigo. Precisamos escolher os ritos que queremos, pois com eles é que podemos chegar aonde desejamos. Ficar atento aos ritos que nossa alma apetece, pois há coisas que só alcançaremos através de determinados rituais.

Conheço muitas pessoas que se cansaram dos ritos religiosos, das celebrações de sua religião e, inclusive, deixaram de participar dos ritos de sua comunidade por não se encontrarem mais neles. Poderíamos discutir de mil maneiras as razões de tudo isso (embora não seja esse nosso interesse nessa hora). Mas existem, sim, algumas razões para isso. Inicialmente é preciso dizer que quando um rito se torna muito comum, muito repetitivo e nos acostumamos com ele, facilmente ele perde sua força em nós. Ritos repetitivos se esvaziam e perdem o sentido. A outra questão é aquela a qual chamamos de ritualismo. Um rito precisa de coração, de intenção focada, de desejo. Um rito por si só é sagrado, mas você precisa ir para ele com o desejo também sagrado. O que ascende o rito em você é o que você espera dele. Rito sem coração é ritualismo, celebração vazia, sem a oferenda do coração. Outra coisa é quando queremos tornar o rito mais atualizado e colocamos muitas coisas improvisadas nele – ou inventamos coisas –, transformando-o de tal modo que ele perde sua força própria, seu poder intrínseco. Por isso, é também interessante observar quem é que preside o rito, como se organiza o rito e como o rito é cuidado para que ele aconteça nas razões pelas quais ele existe. Enfim, um rito não pode ser um peso. Ele é artístico, é sinestésico, é uma ópera, é um evento que tem o poder de abrir o céu de nossas vidas.

É claro que, falando em termos de força, certos rituais são muito intensos.

Dos ritos religiosos, aqueles dos sacramentos, são muito potentes e marcantes. É só observar, por exemplo, o que é um rito de batismo. Em qualquer religião, o batismo é um rito iniciático. Ele deixa uma marca indelével e incancelável na consciência. Isto é, não tem mais como voltar atrás. Ele abre o fluxo da graça, como se diz na teologia. E daí em diante há um grande canal aberto. Há outros pequenos ritos e símbolos que têm menor poder, mas que fazem muita diferença quando vividos e experimentados conscientemente. Na teologia cristã o teólogo Leonardo Boff chamou isso de sacramentália. É quando você olha para uma árvore que está na frente de sua casa e que foi plantada por seu avô. Ela lhe faz recordar seu avô. Ela o torna presente naquele momento mesmo que ele fisicamente não esteja mais morando entre os mortais.

Existem, portanto, várias dimensões nos rituais. Além daquela do movimento e do processo do rito, há também aquela do simbólico. Quantas coisas que fazemos nos fazem recordar os que as já fizeram antes de nós. Quantas coisas que você realiza na vida que, ao fazê-las, você se recorda de sua mãe, de seu pai ou de seus professores que lhe iniciaram nesse hábito ou nessa tarefa.

Ao ritualizar alguma coisa estamos também usufruindo da força desse rito que vem de muito longe, desde os primeiros que o instituíram. Eu me lembro de quando eu era pequeno, quando pegávamos certos tipos de doença de criança, a mãe nos levava a benzer na casa de algumas senhoras, não muito longe de nós. Embora, como criança, achasse aquilo muitas vezes engraçado, mais tarde fui entender o tamanho da sabedoria e da força que se escondia atrás daquele rito de benzedura. Elas o faziam com muita seriedade e mística. O que acontecia naquele rito que nos deixava curados? Eram instantes de poder. Criava-se um campo de cura, tanto pelo rito realizado e pela força da intenção dos que ali estavam, mas também através do poder do rito que vinha de muito longe. Quantas pessoas antes dela exerceram esse ritual até chegar ali nessa hora e através do ser dessa pessoa. Essa é a força da tradição. É como se um fio condutor de bênção e cura trouxesse a energia vivificante e transformante de todo bem realizado através dos tempos até aquele momento presente. Sabe-se, inclusive, que a maioria dos ritos de bendição, em geral, é passada de uma pessoa a outra de forma muito sigilosa e, normalmente, quando o que benzeu está fazendo sua passagem desse mundo ao infinito.

Enfim, quando estamos bem atentos, tudo nos fala do invisível, tudo revela o que está escondido e tudo nos encaminha para a verdade de cada coisa. Mas é preciso estar atento, pois o que colhe a realidade não é a mente, mas a consciência. O que alcança a verdade é a alma que, por sua vez, só ela pode reconhecer o ser nas suas mais largas e profundas dimensões. Sugiro que alguns grandes ritos, principalmente aqueles em que fomos iniciados sem condições conscientes de acompanhá-los, como o batismo de criança, sejam renovados, rememorados, para que recordemos ou despertemos em nós as vias que conduzem o fluxo ao profundo ser.

Os escritos sagrados

Ler também é um eficaz instrumento e uma rica via de expressão, revelação e despertar do ser. Entendemos aqui particularmente a questão do texto. Existem textos de diferentes teores.

Mas quero me referir particularmente àqueles textos que contêm o sagrado, que passaram pelo crivo do tempo e foram testados no seu poder transformante e revelador do ser essencial. Ao longo do caminhar histórico da humanidade, o ser essencial foi se revelando a pessoas de coração atento e de inspiração fecunda que, num segundo momento do processo, traduziu-se em letras, formas sagradas, expressões sábias, escritos divinos, que assim se tornaram por terem sido eficazes revelações do ser. E por essa razão também permaneceram no tempo, não sucumbiram ao natural esquecimento onde se perdem todos os outros textos que não se originam da mesma profundidade.

Por trás de um texto sagrado há sempre alguém de consciência iluminada. Antes de qualquer texto sagrado há sempre uma fonte transbordante de sabedoria, assim como no início de cada texto há sempre a inspiração proveniente de um sopro do Grande Espírito. No âmbito do sagrado, não é nem necessário conhecer o autor do texto para que esse surta efeito na alma de quem o ler. Basta invocar a unção da humildade de poder percorrer os olhos sobre ele, juntar suas palavras e colher o sabor de cada letra, e deixar-se tomar pela verdade que ele contém.

Nesse sentido, textos são arquétipos externos que encontram reflexos na nossa interioridade. Deixar-se visitar por um texto sagrado é permitir que ele ilumine em mim aquele âmbito que, talvez, só ele possa revelar. Às vezes, me pergunto por que é que textos tão antigos podem iluminar situações tão novas; como pode um texto desconhecido encontrar um lugar dentro de mim nunca imaginado. E aí, penso que o texto pode ser antigo, mas a consciência não tem tempo. O texto foi escrito, mas só como letra é que ele envelhece, pois como verdade ele existe na interioridade de todo ser, eternamente. Portanto, textos sagrados, são materializações de diferentes dimensões da verdade sagrada que habita em cada coração humano. Isto é, alguém experimentou essas verdades, teve um *insight*, compreendeu-as inteligentemente e traduziu externamente, em forma de palavras, esse aspecto da verdade humana que está intimamente presente em cada ser, mas que nessa pessoa foi acessada de maneira toda particular.

No âmbito religioso, todas as religiões têm seus textos sagrados, pois em cada uma delas houve alguém que se iluminou e escreveu a experiência, naquilo que foi possível. Os textos mais conhecidos por nós são o Talmude, os Upanixades, o Tao Te King, o Alcorão, o Bhagavad Gita, a Bíblia Sagrada, entre outros, que se cruzarmos suas mensagens vamos encontrar muitos conteúdos semelhantes, ditos de maneiras diferentes. Verdades do coração, traduzidas por pessoas iluminadas, através de experiências pessoais dentro de suas culturas próprias, que num contexto de inteireza revelam verdades universais sagradas que ultrapassam qualquer limite de cultura, raça, tempo e religião, inclusive.

Como já disse, mesmo que por entrelinhas, os textos sagrados se tornam muito mais ricos quando são lidos a partir de uma óptica transreligiosa e transcultural. Isto é, quando nos aproximamos deles sem impor limites à força que lhes é própria. Pois não é o texto que precisa de mim. Sou eu que preciso dele. Ele não foi feito para mim, ele está ali para ser encontrado. Ele não me exige nada senão a entrega e a humildade. Talvez, o que mais fere um texto sagrado é a manipulação dele, isto é, fazê-lo dizer o que eu gostaria que ele dissesse. É aí que ele perde o seu poder de cura e de transformação. Provavelmente, seja essa a razão pela qual o mesmo texto faz diferentes efeitos em pessoas diferentes, e em muitos casos não faz efeito algum.

Se tomarmos com seriedade e confiança o caminho de autodescoberta e de cura do nosso ser, através da meditação de textos sagrados, poderemos alcançar, surpreendentemente, níveis muito nobres da consciência divina que nos habita, e com eles nos curar de todas as amarras que nos prendem ao mundo estreito e escravizante que nossas sombras nos impõem. Na cultura cristã, por exemplo, ao meditarmos sobre os textos bíblicos, cada história e cada personagem são partes de mim, de minha luz ou de minha sombra, que acessadas no seu mais puro tesouro de verdade me transportarão para outros níveis de mim, conduzindo-me para mais perto do meu ser essencial. No entanto, por exemplo, sempre que um texto sagrado for trazido para um caráter de visão tendencialmente moralista, ele perderá sua força e facilmente aumentará a ferida daquele que o encontrou. Quantas pessoas já se feriram diante de textos sagrados que, ao invés de torná-las livres, tornaram-nas mais culpáveis ainda, mais tristes, mais doentes e, inclusive, sentindo-se diminuídas diante do texto. O fato é que, em nenhuma experiência profunda com o Mistério, alguém se iluminou sendo acusado de alguma coisa errada em sua vida. O que aconteceu com a maioria deles foi a percepção da totalidade do ser pessoal, que carregava sim, sombras e vazios, mas que vistos ao lado da luz e da graça que os habitava, acabavam tendo um consolo muito grande e uma alegria imensa, apesar de se verem com tanta fragilidade. Claro, pois, na verdade, o que a nossa alma mais deseja e espera de nós é ser vista na sua mais vasta inteireza. Nosso ser não suporta por muito tempo a parcialidade, a dualidade e, muito menos, a fragmentação. É que o sagrado abraça tudo. Ele é da totalidade. Por isso, meditar um texto sagrado é deixar emergir, através dele, um pouco mais da nossa inteireza, não se importando se hoje ela nos revela uma luz ou uma sombra de nós mesmos. Talvez, seja também por isso que a prática da meditação de textos sagrados ainda é um instrumento muito usado no caminho itinerante de descoberta do ser e de cura de nossa alma.

A meditação

Meditar a palavra é apenas um dos métodos de meditação. São vários os jeitos de meditar. Mas quando meditamos a palavra sagrada nós nos utilizamos da experiência de alguém que se iluminou diante do Mistério, traduzida em letra, para iluminar a nossa experiência. Também são vários os métodos de meditação de textos sagrados. Por exemplo, só na meditação bíblica cristã já são muitos:

1. Há os que abrem o livro aleatoriamente para ouvir o que ele tem a lhe dizer naquela hora. Levam a sério e deixam vir intuições para aquele instante à luz do que essa pessoa está passando na sua vida naquele momento. É um jeito muito simples e muito livre.

2. Outros escolhem um texto, põem-se no lugar dos personagens daquele episódio e deixam cada um deles lhes inspirar aspectos de si mesmos.

3. Há também os que leem o texto mais que uma vez e deixam-se tocar por alguma palavra, uma frase ou um aspecto do texto e, a partir daí, entram no mistério de si mesmos, vão a fundo e ficam repetindo essa frase durante o dia todo.

4. Alguns são fiéis em seguir um método tradicional de meditação como, por exemplo, o clássico método da *Lectio Divina*, com os seus devidos passos: a *lectio* (o que diz o texto?), a *meditatio* (o que Deus está me falando por meio deste texto?), a *oratio* (o que eu quero expressar a Deus por meio

desse texto?) e, por fim, a *actio* (que atitudes vou tomar na minha vida a partir de agora?).

5. Há também os que da meditação da palavra passam à contemplação, usam o texto até onde ele for necessário. Quando a alma é tocada e não houver mais necessidade de conteúdos, palavras ou símbolos, a alma entra no silêncio, no vazio, no centro, lá onde se encontram o humano e o divino, numa relação de entrega e comunhão mútua. Esse é um método de oração a partir da palavra usado por muitos místicos cristãos.

6. Atualmente, há uma maneira muito transpessoal de ler um texto bíblico sagrado, baseado num tipo de espiritualidade mais integral, onde a pessoa é vista como um todo fazendo parte do Todo e onde o Todo, por sua vez, julga-se estar na consciência de toda pessoa, sendo que os paradoxos humanos são encarados como uma dinâmica através dos quais a vida se revela, onde, por exemplo, o bem e o mal, o absurdo e a graça, o diabólico e o simbólico, a luz e a sombras etc. são tidos como partes da mesma realidade, expressando um único mistério. A meditação transpessoal, que tem forte base na antropologia junguiana, vê os textos, os símbolos, os fatos e os personagens do texto como arquétipos que revelam o ser na sua mais diversa e profunda verdade.

Meditar, portanto, é também um belo caminho de eficácia na busca da originalidade do ser. Cada tradição tem seu modo particular de meditar oriundo, normalmente, dos seus primeiros fundadores ou dos refundadores. Os métodos são vários, mas todos eles têm como meta acalmar corpo e a mente para que o espírito fale na sua mais profunda verdade e originalidade. Objetivamente falando, toda meditação e todo método de oração têm essa única finalidade: a conexão do ser com o Grande Ser, essa unidade que existe desde o começo, mas que se perdeu numa cultura que exaltou a materialidade e a racionalidade humanas, deixando de lado a sutileza do espírito e a capacidade intuitiva da alma.

Por isso, cada método tem seu potencial, mas cada pessoa se familiariza mais com determinado método; é preciso descobrir qual é o seu. Há os que tiram um tempo de meditação a cada dia e ali ficam imersos no silêncio e na imobilidade do corpo, meditando um texto sagrado, um fato vivido ou simplesmente repetindo palavras de poder. Mas há os que preferem meditar observando atentamente as coisas, a natureza, os sons, a brisa, as estrelas, o sol, a noite, a multidão, a roseira que floresce, a criança que sorri, os amigos que se abraçam. Não importa o método, o que se procura é a conexão essencial, o contato com a verdade de cada coisa, de cada criatura, de cada evento, de cada sentimento ou expressão da alma.

Neste sentido, meditar, orar e estar atento é praticamente a mesma coisa. É tudo aquilo que nos leva à comunhão com a vida, onde ela se revela; é estar continuamente fazendo pontes com a verdade essencial, e não importa onde ela se revela. E lá pelas tantas isso se torna um estilo de vida, um hábito de ser, uma maneira de existir que, sem dúvida, vai fazer uma grande diferença. Não canso de repetir que grande parte das doenças modernas sofridas pela humanidade tem sua raiz na desconexão do ser com o Todo e com a totalidade do ser que se distribui em tudo o que existe. A solidão é exatamente isso: viver com a sensação de estar sozinho no mundo. Só que solidão não é não ter pessoas perto, é não perceber o que carregamos dentro, é não ter a noção do que nos habita internamente, mesmo que fosse o vazio, pois a alma precisa de presença consciente. Ela não suporta a desconexão. E, como já falamos muito neste livro, na origem de toda dor está a ferida original, que foi a grande primeira ruptura que o ser sofreu diante de fatos doloridos da vida onde não tínhamos condições de compreender, discernir e superar sem que isso nos deixasse marcas incanceláveis.

A oração

Eis por que, junto com a meditação e a atenção atenta, vem a oração como caminho de revelação do ser e de compreensão de si mesmo. O que é orar de verdade? São Teófano, O Recluso, dizia que "a coisa principal é permanecer diante de Deus, com o intelecto no coração, e continuar a manter-se diante dele sem cessar, dia e noite, até o fim da vida"[59]. Essa era a noção de oração dos antigos padres do deserto, no cristianismo antigo. Primeiramente, orar consiste em manter-se diante do Mistério Infinito; segundo, com o espírito no coração, isto é, com todas as faculdades do ser; e, terceiro, em todos os momentos da vida. Orar, portanto, é pôr-se em conexão, é ativar as relações do ser com o que é essencial. Quando aprendermos a orar, o número de nossas rezas diminuirá, pois orar é bem diferente de rezar. Podemos rezar muito e não ter nenhuma conexão com o infinito. As rezas podem nos ajudar a entrar em oração. Recitar algumas fórmulas pode servir para abrir o campo de nossa oração, um portal da nossa prece. Às vezes, pode se tornar um mantra que nos põe em comunhão com o ser. Mas, orar significa particularmente comunhão, unitividade, relação de inteireza.

---

59. Apud WARE, K. *Tout ce qui vit est Saint*. Pully, 2003, p. 103.

A oração está intimamente ligada ao nosso desejo, por isso é que ela tem relação com o coração. Nesse sentido, orar é estimular nosso desejo de Deus. Isso era Santo Agostinho quem dizia. Manter aceso o desejo é conservar-se atento aos anseios da alma. Há um âmbito na interioridade humana, uma espécie de saudade, que só se acalma através do silêncio e da oração, e lá se pode chegar percorrendo o caminho do desejo. O que é que eu mais desejo? Do que é que eu mais tenho sede? Não é muito fácil descobrir o desejo, pois ele pode se confundir com os desejos de nossos sentidos. Mas só quando percebemos que apesar de saciar nossos sentidos continuamos a ter fome ou sede é que vamos notar que o desejo é bem mais profundo. Quantas vezes nos alimentamos em excesso exatamente porque não distinguimos qual é verdadeiramente a fome que nos atormenta? Quantas pessoas vivem embriagadas de bebidas alcoólicas por não conhecerem a sede que persiste em acompanhá-las? Ou quantos jovens se drogam por esperar ilusoriamente que a droga possa trazer aquilo que avidamente seus corações anseiam? É difícil discernir o tipo de desejo, mas orar é também discernir os desejos, é conhecer os anseios da alma. E como dissemos desde o início deste livro, a ferida está lá, ela se mostra em forma de carência, seguir o desejo é também uma forma de a acessar, pois, até não a encontrar vamos lhe dar alimentos paliativos.

Orar, portanto, é um constante exercício de permanecer atento aos anseios mais profundos da alma. Antigamente, na espiritualidade cristã se falava muito em manter-se na presença de Deus. Mas com o passar do tempo esse exercício tomou um caráter de moralidade, como se a presença de Deus estivesse ali para julgar os atos do itinerante. No entanto, na sua originalidade, o exercício de manter-se conscientemente na presença de Deus era um caminho de atenção e comunhão com o eterno, enquanto na vida cotidiana cumpríamos atividades temporais e muito limitadas. Escrevendo à comunidade dos Tessalonicenses, São Paulo os exortava para que orassem "sem cessar" (1Ts 5,17). Que não se perdesse na comunidade a noção da Presença Infinita, do Mistério Maior.

O caminho da oração é também um aprendizado. Todo discípulo, normalmente, aprende de seu mestre espiritual, entre tantas coisas, um método de oração. Os próprios discípulos de Jesus um dia lhe suplicaram: "Mestre, ensina-nos a orar!" Assim como para a meditação, também na oração, embora existam diferentes métodos, cada pessoa vai descobrir o seu melhor modo de orar. Muitas vezes desistimos da prática da oração por não sabermos verdadeiramente como orar. Várias pessoas no consultório, falando de sua vida espiritual demonstram desejar muito um caminho de oração, mas logo desanimam quando se deparam com as dificuldades na oração. Uns dizem, "eu não consigo orar, sou muito distraído"; outros falam, "eu não consigo ficar muito tempo, pois logo acabo pensando em coisas práticas". Uma senhora, relatando suas dificuldades na oração, riu muito ao dizer que muitas vezes termina a oração com a lista do mercado pronta na cabeça. Foi então quando disse a ela que não se preocupasse, pois é bem provável que a lista feita em oração se tornaria muito mais coerente e econômica. A melhor forma de enfrentar as distrações na oração é trazer a distração para dentro da oração, sem julgar e sem se punir. Simplesmente volte sua atenção à presença interna novamente. É preciso aprender que a qualidade de nossa oração não depende da ausência das distrações e, sim, de como fazemos para envolver todos os aspectos de nossa vida no espírito orante daquele momento.

Ao mesmo tempo, é preciso dizer que não é o método que garante uma boa oração, mas a prática constante nos fará pessoas de coração orante. Quem constantemente ora está também presente de forma constante. Quem está presente em cada momento está conectado e, portanto, em comunhão com a vida. Quem está em comunhão com a vida, está em oração. A força da oração reside no fato de tomarmos posse de cada ato de nossa existência, o espírito orante abraça todos os acontecimentos da vida da pessoa, e isso gera inteireza, confere significado e cura feridas.

Orar é também celebrar etapas da vida. Por isso mesmo é que existem tipos diferentes de oração. Há orações que são expressões de gratidão numa hora em que se tem muita alegria pelo vivido, por uma etapa vencida, ou mesmo por algo muito simples, mas que revelou amor e bondade. Agradecer faz muito bem à vida, pois reconhecer o bem que recebe é conferir confiança à própria vida em relação às etapas que virão pela frente. Agradecer é reconhecer que recebemos bem mais do que doamos e, às vezes, até mais do que merecemos; gera muita humildade, uma virtude muito importante para poder seguir a vida com bênção e serenidade. Quem tem facilidade em agradecer, normalmente se alegra muito com o bem dos outros também. O espírito de gratidão alarga o abraço do coração. A verdadeira oração de gratidão, portanto, torna-se uma atitude na vida de quem agradece. Aquele que agradece, em geral, não tem muitas exigências com a vida. Ao contrário, sente a vida mais abundante, próspera e graciosa.

A oração de gratidão ajuda o coração humano a reconhecer o valor e o poder que cada coisa possui, a respeitar a verdade que cada pessoa engendra e a lição que cada acontecimento tem para ensinar. Há também outro fator importante na oração de gratidão: normalmente, quem ora agradecendo tem o dom ou vai aprendendo a ver em cada coisa ou em cada fato da vida o lado mais positivo e amoroso do que aquele negativo e tirano. Agradecer, portanto, gera saúde e alegria, pois nos mantém em contato constante com a beleza, a bondade e a verdade do ser, que se revela em todas as coisas.

Outra forma de oração é aquela do perdão. Perdoar exige humildade, assim como pedir o perdão, pois só é capaz de pedir perdão aquele que não tem medo de ver a fragilidade de si mesmo expressa nos seus atos. Mas, também, somente é capaz de ver a própria fragilidade aquele que, ao mesmo tempo, tem consciência de sua força e do seu poder interior. Então, pedir o perdão não significa humilhar-se ou desvalorizar-se, mas reconhecer o aspecto de si mesmo que não condisse com a plena verdade de si mesmo. Normalmente, aquele que é capaz de pedir o perdão também é capaz de dar o perdão. Dar o perdão sempre se torna mais fácil a quem um dia precisou do perdão. Eis porque pessoas de perdão são também pessoas que exercem a compaixão e a tolerância com mais facilidade, pois são capazes de se colocar no lugar do outro.

É muito importante orar pedindo perdão à vida por toda vez que a impedimos de fluir em nós com toda liberdade. Precisamos pedir perdão à nossa alma por todas aquelas vezes que passamos por cima de seus anseios e não ouvimos seu grito e seu desejo. Precisamos pedir perdão à nossa consciência por toda vez que fomos complacentes com os impulsos de nosso inconsciente. Precisamos pedir perdão ao Todo pelas vezes que fizemos dos fragmentos o absoluto.

Mas também precisamos dar o perdão a quem não nos viu como realmente somos. A quem não nos levou a sério numa hora de muita fragilidade; aos que não acreditaram em nós numa hora de intensa e pura verdade. Há que se perdoar muito a quem nunca nos perdoou, pois é bem provável que aquele que nunca nos perdoou seja o mesmo que nunca se sentiu profundamente perdoado em muitas circunstâncias da vida.

A oração do perdão é uma oração que nos dá muita liberdade. Pois, ao perdoar, aparentemente, parece que não recebemos nada em troca a não ser a liberdade de não andarmos mais amarrados a quem um dia nos feriu. Só que isso não é pouca coisa, pois quando ainda não perdoamos alguém que precisa muito de nosso perdão mantemos essa pessoa ou esse fato ligado energeticamente ao nosso ser. E isso atrapalha muito. Perdoar os inimigos faz muito bem a eles, mas faz muito mais a quem perdoa. Perdoar fatos de nossa vida é encaminhá-los ao seu verdadeiro lugar na nossa história pessoal. Por isso, quando oramos perdoando, podemos alcançar espaços de nosso ser de alto grau de liberdade. Orar perdoando é deixar para trás o que não mais queremos carregar no nosso caminho, pois o peregrino que ainda tem muito caminho a percorrer precisa carregar consigo o menor número de coisas.

Para muitos, ainda, orar é pedir. Precisamos pedir muitas coisas para nossas vidas, mas quando nos sentimos muito infantis pedimos demais. É próprio da criança, pedir. No início do caminho espiritual normalmente pedimos muito, pois ainda nos sentimos extremamente necessitados. Mas quando começa a crescer internamente a segurança e a certeza de que somos amorosamente cuidados pela vida e por Deus que nos ampara sempre, então deixamos de pedir muitas coisas. Assim, não é que pedimos menos, confiamos mais no que pedimos.

Sabemos que não nos vai faltar nada. Isso significa ter fé internamente. É a certeza de que eu não vim para dar errado. A certeza de que a minha vida tem um propósito atrás de tudo e de que há um projeto por de trás desse ser que sou eu. Jesus um dia disse aos seus discípulos que eles não sabiam ainda o que pedir a Deus. Precisamos perceber que muitas coisas não acontecem em nós porque não confiamos na bênção da vida que está em nós. Na verdade, quando pedimos algo a Deus, não estamos pedindo nada de novo senão recordando a nós mesmos que tudo está ali presente, basta confiar. Quando oramos pedindo, portanto, avisamos o nosso inconsciente ou a nossa alma que espere confiante que isso vai acontecer. Eis por que a oração de petição é também uma oração necessária, é despertar as frases arquetípicas que estão em nós: "pedi e vos será dado"; "batei e vos será aberto"; "procurai e achareis".

Enfim, aquele que está em contínua vida de oração leva também uma vida de maior confiança e de humildade. Caminha sabendo que não está só, que não se basta a si mesmo, que sempre vai precisar da conexão com o Grande Ser e que o seu ser pessoal é lugar de revelação do Ser Maior, nas diferentes expressões de sua vida.

O canto devocional e os mantras

Cantar é outra forma de criar conexão consigo mesmo e com o Infinito. O canto, quando feito com devoção, conecta a consciência aos níveis da alma. Aliás, o canto devocional é uma atividade da alma; é um canto que não é puramente artístico, ele vai muito mais para lá de uma bela execução artística. A beleza e a harmonia do canto devocional são provenientes do espírito e, como tal, ele se torna expressão viva da interioridade, como, ao mesmo tempo, torna leve a alma de quem canta. O canto devocional nos conduz a um tipo de emoção que ultrapassa os níveis psíquicos do ser, transporta-nos para o campo dos sentimentos espirituais. Então, a alegria se torna regozijo, a felicidade se transforma em bem-aventurança e a harmonia é experimentada como profunda comunhão.

Lembro que, quando era mais jovem, preocupava-me muito em cantar bem e de forma bem artística. E me incomodava muito quando a música não alcançava os níveis de efeito que eu esperava. Até que um dia fui me dar conta de que se eu quisesse me tornar um cantor artisticamente perfeito teria de aprender muito e talvez nunca alcançasse o que eu almejava. E foi quando tive a intuição de que o meu canto e as músicas que eu escrevia para cantar não tinham o teor e nem mesmo o objetivo primeiro de serem artisticamente perfeitas; que as pessoas que cantavam comigo, ali estavam sem a expectativa de uma apresentação artística. Foi quando comecei a pôr a música no coração e a cantar a partir da alma. Tudo mudou, inclusive, encheu-se de mais beleza e arte também. De lá para cá, eu sei que não canto mais para as pessoas, mas com as pessoas. Elas entram comigo no campo espiritual gerado pela música e, com o coração e a voz, criam comigo o coro ou a egrégora dos que vibram no coração amoroso e acessam coisas da alma que eu sozinho não seria capaz de gerar.

Percebo isso particularmente na entoação do canto dos mantras que fazemos em nossas celebrações e retiros no Holoikos. O mantra não exige que nos preocupemos muito com a letra. É a repetição de uma palavra, no máximo, de uma frase, que o cérebro grava logo no início e que ao repeti-la, juntamente com alguma variação musical, com maior ou menor intensidade, no movimento simbólico do subir e do descer, vai fazendo a alma flutuar em diferentes níveis do ser visitando lugares de nossa interioridade que, por onde passa, deixa muita bênção e serenidade. É incrível o poder que tem um mantra cantado em grupo, abre um campo de muita amorosidade, uma qualidade de comunhão muito curadora e uma sensação de unitividade imensamente consoladora.

Por tudo isso, cantar não pode ser somente atividade do artista. Todos precisamos cantar. Já ouvi muitas pessoas dizerem que gostariam muito de cantar, mas desistiram de fazê-lo porque acham quem "não têm a voz boa para o canto", ou porque são desafinadas ou ainda porque têm vergonha de cantar junto com outras pessoas. Eu sempre penso, nunca vi um passarinho sendo ensaiado por seus pais a cantar o canto de seu bando. Ele simplesmente canta. Claro, no começo pode não sair perfeito. Eu me lembro de alguns galos do terreiro de minha mãe, quando eu era pequeno, na hora de começar a cantar. Era muito engraçado, pois a voz saía de um jeito muito estranho, mas aos poucos eles iam aprimorando o próprio canto. Lembro-me também como, há uns vinte anos, quando estive pela primeira vez na Angola, impressionou-me o canto dos angolanos no seminário e nas celebrações com o povo. Era uma harmonia só, em diversas vozes, um movimento energético incrível, numa celebração eu chorei do início ao fim de tanta alegria que aquilo me trazia. Mas o que me tocou mesmo é que não encontrei ninguém desafinado naquele povo. No seminário, cada manhã, na oração do começo do dia, o encarregado de organizar e presidir a oração também era o mesmo que entoava os cantos, sem ter que pedir ao cantor para fazê-lo. Achei aquilo fabuloso! Outra cena que me marcou foi quando numa celebração, na hora da dança das oferendas, uma criança de uns seis meses, enquanto estava sendo amamentada no colo da mãe, no mesmo instante, com sua mãozinha direita, batia no peito da mãe perfeitamente no ritmo da música que era cantada. Isto é, a música está dentro de nós. O canto nos habita. É preciso estimulá-lo, soltar suas amarras e deixar que ele venha para fora. Pois, quando cantamos, abrimos ou desobstruímos os poros de nosso corpo que são os pontos energéticos que compõem e inteireza das vibrações do nosso ser físico.

Algumas tradições indígenas, e creio que também algumas orientais, acreditam que o nosso corpo é uma flauta humana e que cada vogal do alfabeto corresponderia a um determinado chacra que, quando entoada em forma de mantra, essa vogal tem o poder de ativar, abrir e ampliar o campo energético desse mesmo chacra. Portanto, não há dúvidas de que o canto tenha esse poder de despertar aspectos de nosso ser, de nos alinhar energeticamente e de nos abrir ao Grande Mistério, a quem também são dirigidos muitos de nossos hinos espirituais.

Há também outro modo de fazer da música devocional ou dos mantras um "lugar" de cura e de conexão espiritual, que é aquele de simplesmente ouvir. Deixar-se tomar pelo campo que é gerado. No carro, por exemplo, voltando do trabalho, depois de um dia de muita labuta. Isto é, você não está em condições de ficar cantando nessa hora, mas pode deixar que o canto crie um ambiente de calma, serenidade e paz, depois da agitação de um dia inteiro. E, normalmente, essa é uma hora que você está só, então se torna um momento mais propício ainda para esse tipo de exercício. No entanto, não pode ser um canto agitado, pois agitado nesse instante pode estar você, depois de tanta demanda energética vivida durante o dia de trabalho. Nessa hora, você precisa de serenidade, de algo que o traga de volta ao eixo de si mesmo. E a música calma e serena tem esse poder. E não se impressione se durante esses momentos lhe venham intuições que jamais teria imaginado.

Tudo depende de como nos aproximamos da música. Se somos bem sensíveis a ela, vamos perceber que a todo instante tem música. Gosto muito do filme dirigido por Kirsten Sheridan, *O som do coração*, em que o menino Evan, dotado de intensa sensibilidade, consegue fazer de tudo o que ouve, de qualquer ruído, de qualquer som, uma única e harmoniosa sinfonia que acompanha cada um dos passos do seu obstinado desejo de um dia reencontrar os seus pais através da música. A música é, portanto, por si mesma, símbolo de unidade, de harmonia e, como tal, revela muito do que o Grande Ser é, bem como daquilo que somos no mais profundo de nós mesmos. Quando conseguirmos fazer de tudo uma grande orquestra, então, sim, alcançaremos o som do coração que vibra na sua maior intensidade, quando tudo na vida se torna uma dança de intensa e harmoniosa unidade.

O encontro

Outro belo caminho de revelação do ser é o encontro. Estar diante de um outro é permitir que apareça de mim aquilo que eu não veria se não estivesse diante de alguém. Nesse caso, o outro é um outro até certo ponto. Ele é eu mesmo enquanto, olhando para ele, eu vejo aspectos de mim mesmo que se ele não estivesse na minha frente eu não enxergaria. O grande filósofo judeu de origem austríaca, Martin Buber, escreveu incansavelmente sobre isso em sua obra intitulada *Eu e Tu*. Segundo Buber, o homem pode relacionar-se com outros seres de dois modos diferentes: tornando-os objetos de si mesmo ou colocando-se na presença deles. Quando ele se coloca diante de um outro e toma consciência disso, ele se põe na possibilidade de encontrar a si mesmo.

Se observarmos bem a vida e a trajetória que ela tem feito em nós mesmos, vamos notar que os grandes passos e os grandes vazios do nosso ser tiveram seu começo, na maioria das vezes, diante de um outro. Pois desde pequenos nos desenvolvemos diante de alguém. E nessa relação de olhares, de palavras, de gestos e de intencionalidades é que nosso ser foi se organizando e tomando forma subjetiva em nós. Diante de um outro, o ser desabrocha ou se encolhe, cresce livre ou se retrai, fortifica-se ou é roubado na sua essência.

Observemos, por exemplo, o mistério do olhar. Quem mais te olhou de pequeno? E quem te olhou, como foi que te viu? O olhar de quem te viu o que é que te deixou? Sim, olhares! É incrível como os olhares têm poder sobre o ser na infância. Dependendo da cultura, a maior parte da educação é feita através do olhar. Olhares deixam marcas. E, muitas vezes, é através deles que tem se formado a ferida inicial. Pois há olhares que ferem muito, assim como há outros que curam profundamente a alma. O olhar é uma espada de dois gumes, tem o poder de abraçar ou rejeitar, atrair ou rechaçar, abençoar ou maldizer, curar ou ferir mais ainda, reunir ou separar.

Eu me lembro, quando pequeno, como era o olhar dos meus pais. Conhecia diferentes tipos de olhares em cada um. Às vezes, era melhor não os encontrar. Pois durante o dia nossos pais têm muitos e diferentes olhares sobre nós. Há olhares que são de medo, de insegurança, de apreensão, de cobrança ou até de agressividade. É que a ferida que há neles se expressa pelo olhar e fere quem é olhado. O olhar é também uma das maiores expressões da ferida da alma. O olhar do meu pai era melhor durante a noite, pois à noite todo olhar normalmente é bom. O olhar do fim do dia é brando, é de quem se recolhe, é mais pousado e facilmente amoroso. Se alguém lhe olha mal à noite, não queira vê-lo de dia.

    Tenho uma saudosa lembrança do olhar de meus pais na infância. Na minha casa, até certo tempo, não havia luz elétrica. Então, à noite era muito interessante: onde havia uma luz ali estávamos todos. E assim aprendíamos a nos relacionar, mesmo que às vezes um pouco forçosamente. Como não tinha luz, também não havia televisão. Portanto, as noites eram compridas. O que é que se fazia? Às vezes nossos pais iam fazer um filó em alguma das famílias vizinhas, mas na maioria das vezes, depois da janta, tínhamos uma prática da tradição cristã católica, aquela de recitar o terço de Nossa Senhora. E a récita era feita de joelhos, na sala ou na cozinha, perto do fogão, se a noite fosse fria. Confesso que para nós crianças não era das melhores coisas que gostávamos de fazer. Doíam muito os joelhos, embora soubéssemos já bem cedo que aquilo era muito sagrado e que nossos pais tinham um grande respeito por aquele momento. Mas o que eu me lembro mesmo é o que normalmente vinha depois do terço. Ficávamos ainda um pouco na cozinha com nossos pais ou logo em seguida éramos encaminhados para nossos quartos. Então, meu pai preparava uma vela de querosene para meu irmão e eu irmos ao nosso quarto e minha mãe preparava outra para minhas irmãs irem ao delas. Diga-se de passagem, eu tinha certo ciúme da vela de minhas irmãs, pois era mais bonita e até um vestidinho tinha. Em seguida nos encaminhávamos para nossos aposentos e eles dois permaneciam na sala ainda por certo tempo, talvez para conversarem sobre a vida, sobre nós ou sobre o amor deles dois. Mas o que era interessante é que lá pelas tantas eu descobri que, quando decidiam ir dormir, antes de entrarem no quarto deles, normalmente, passavam muito silenciosamente para visitar os nossos quartos, para ver como estávamos. E aquilo me marcou muito. Então, muitas vezes, principalmente naquelas horas que eu me encontrava mais triste ou na dúvida se eles me amavam mesmo naquele dia, ficava esperando eles passarem. Fingia que dormia para sentir o que faziam. Quase sempre, o pai arrumava as cobertas, se precisasse, e a mãe murmurava alguma expressão amorosa como, "que os anjos cuidem." ou "que Deus abençoe". Só depois, então, eles iam para o sono que era deles. Confesso que, nas noites em que eles passavam eu dormia diferente, ficava mais em paz, dormia mais sereno. Pois a impressão que dava é que sobre nós era colocado um cobertor a mais, através do olhar que cuida: um cobertor de amor. Sim, o olhar da noite cura muito; é através dele que são redimidos os olhares do dia.

Portanto, um belo jeito de observar o ser que se revela é procurá-lo através dos olhares que mais nos olharam, diferenciar os vários tipos de olhares e encontrar o amor em cada um deles, e o ofuscamento que os acompanhava é uma maneira de descobrir a ferida e o seu caminho de cura. Sob o olhar de quem ainda hoje você dorme? Ou sob o olhar de quem seus filhos atravessam as noites da vida? E qual é o olhar que ainda continua lhe ferindo, mesmo que distante?

O olhar do outro que esteve na minha frente desde o início, muitas vezes, é também o jeito que eu aprendi a me olhar. Quantas pessoas não conseguiram se livrar ainda dos primeiros olhares que as desvalorizaram e as apequenaram? E, aliás, continuam perpetuando esses olhares através do próprio olhar que elas pousam sobre si mesmas: assumiram os olhares que as olharam de pequenas e continuam a olhar-se do jeito que foram olhadas, mesmo que de forma estreita ou deturpada.

Se você se considera uma pessoa muito amorosa, agradeça muito quem lhe tem olhado. E quando você encontrar uma pessoa muito amarga, pensa nos possíveis olhares que a fizeram tão ferida a ponto de ferir tanto quem diante dela se encontrar.

É interessante observar que na maior parte das vezes estamos procurando um olhar. Talvez uma das coisas na vida que mais fazemos. Logo cedo, estamos em busca de um olhar. Inclusive, quando procuramos alguém para amar estamos, antes de tudo, em busca de alguém que nos veja como somos, e só depois que nos sentirmos realmente vistos, acolhidos e amados é que dizemos "eu te amo!" É que todo ser deseja e precisa ser visto. Há sempre um olhar a nos olhar, assim como há sempre um desejo de que nos olhem. O que caminha sem a noção de estar sendo olhado por alguém amorosamente é, talvez, aquele que experimenta o que realmente é estar só nesse mundo.

Inclusive, quando buscamos um terapeuta ou um conselheiro espiritual também estamos buscando um olhar. Terapia pode ser definida também como a cura através do olhar, enquanto eu encontro outros olhares bem diferentes daqueles com os quais sempre fui olhado. Curar-se é ver-se de um jeito diferente, mais amplo, largo e profundo. Nesse caso, o outro que está na minha frente me empresta seu olhar para que eu aprenda a ver-me de outro modo que não mais me angustie na estreiteza das celas das prisões do meu ser.

Quem é que não desejou na vida encontrar alguém que o veja como realmente é?! Assim como fomos feridos diante de alguém, parece que só será diante de alguém que seremos curados da mesma ferida. Eis por que estar diante de um outro é tão revelador. Quando compreendermos bem isso vamos perceber que cada ser que encontramos pode estar revelando alguma coisa de nós mesmos. Não há nada nos outros que não seja um espelho de quem somos. Nesse sentido, eu digo sempre que pessoas perto não são pessoas. Pessoas perto são anjos que temos para cada instante. Anjos de luz existem para mostrar a luz que somos, e anjos de trevas, para nos fazer notar o tamanho da ferida que ainda precisa ser revista, abraçada e iluminada, através do olhar que olha com amor.

Só um olhar amoroso tem o poder de nos desmascarar para que apareça realmente o ser que é e que nos habita. Máscaras não caem por si mesmas como folhas em tempos de outono. Máscaras têm papéis potentes por nós conferidos, desde o início, na tarefa ilusória de nos livrar da dor da ferida original.

O olhar que ama não espera nada, simplesmente olha. Não exige nada, simplesmente permanece. Não julga, simplesmente testemunha. O olhar que ama não desvaloriza, não desmerece, não machuca, pois não olha a partir da ferida. Não tem preconceito nem expectativa. Simplesmente ama. E, então, o milagre acontece: o ser se deixa contemplar, deixa-se ver e permite-se existir.

Portanto, há que se desejar muito encontrar um olhar amoroso para que se desmanchem as estruturas falsas pertinentes ao nosso ego, que se organizou na intenção de proteger a ferida. Esse olhar pode vir de fora, de alguém que muito ama, assim como anseiam algumas pessoas à espera de grandes iluminados. Muitos peregrinos do oriente desejaram encontrar-se com algum iluminado para, segundo eles, diminuírem seu carma. Peregrinos de um olhar milagroso. Isso também é válido, mas é muito incerto, ao mesmo tempo. Esperar o amor de outra pessoa, de certa forma, é continuar sendo muito infantil, frágil, necessitado ainda de apoios externos. É muito bom e é uma grande graça poder encontrar-se com algum iluminado que desperte sua luz interior. Mas há que se aprender a ver-se amorosamente. Há uma parte de nós, mesmo que feridos, que muito ama. Dificilmente alguém é tomado totalmente pela ferida. Há uma parte de nós mesmos que é sã, livre e potencialmente curadora. É esse âmbito de nós mesmos que tem um olhar de amor, um olhar que vê longe da ferida. Essa é a força interior que nos cura e ilumina o que ainda não foi olhado amorosamente dentro de nós. Portanto, inicialmente, talvez todos nós precisemos de olhares de fora que nos ensinem a olharmos com amor aquilo que de nós sempre vimos com desconforto. Mas à medida em que formos transformando nosso olhar aprenderemos que há um olhar em nós que também enxerga com amor. É quando nos olhamos a partir da nossa verdade interior e não a partir da ferida. Daí em diante, o processo de desvelamento do ser tomará enormes proporções e esse se manifestará sempre mais na sua originalidade e grandeza.

Há em nós uma boa parte de saúde e de verdade revelada que nos torna acessíveis a nós mesmos. É quando estamos contentes de sermos quem somos, quando estamos cientes do valor que engendramos ou quando somos profundamente gratos do ser que sentimos vibrar em nós, apesar de todos os vazios que por vezes sentimos. Essa é a parte amorosa de nós, ou o espaço de nós mesmos que é livre. Luiggi Rulla, de quem já falamos, um grande pesquisador das motivações humanas religiosas, constatou que há em cada ser humano uma liberdade essencial que o torna capaz de alcançar na vida os níveis mais altos de si mesmo quando se tornar consciente na sua intencionalidade fundamental. No entanto, na maioria das pessoas, essa liberdade, a sua maior parte, é aprisionada por motivações ambíguas inconscientes. Rulla constatou que somente uma parte da liberdade essencial é realmente livre, o que ele chamou de liberdade efetiva. É aquele aspecto do ser que, apesar da ferida, mantém-se num espaço capaz de fazer escolhas, de tomar decisões conscientes e alcançá-las realmente. É o aspecto do eu capaz de amar, apesar de tudo, de crescer e se desenvolver mesmo que na dor e na luta pela vida. É, enfim, aquele âmbito de si mesmo que não foi marcado pela ferida. E esse é o lugar de onde podemos nos curar, de onde aprendemos a dar passos. Esse é o lugar de onde conseguimos nos olhar com amor e nos amar por inteiro. É essa liberdade livre que nos faz compreender inclusive as raízes das feridas nos impulsionando, assim, para além delas. Há, portanto, uma parte de nós que lida bem com a dor, com as amarras da vida, com o vazio da ferida e com qualquer tipo de obstáculo que nos parece impedir de alcançar o essencial de nós mesmos.

Quando entramos num processo de autoconhecimento, de reconhecimento de nossa história de feridas, de compreensão, de perdão e de transformação, é esse espaço de liberdade efetiva que vai se alargando. E, então, com ele aumenta nossa capacidade de aprender, alargam-se nossas possibilidades de interpretar mais objetivamente os fatos, espraia-se nossa visão sobre nós mesmos e, especialmente, potencializa-se em nós a capacidade de amar e de criar. Nesse sentido, Freud tinha razão em dizer que saúde ou normalidade é ser capaz de amar e trabalhar.

Olhando sob essa angulação, podemos dizer que todo ser humano pode ultrapassar os limites de si mesmo impostos pelas feridas da vida. Ninguém é destinado a definhar na sua dor. Há um ponto de luz em cada consciência humana, mesmo nas mais escuras das noites que alguém possa estar passando.

Isto é, existe sempre um caminho de liberdade em meio a qualquer aparente prisão existencial. E esse é o ponto de partida e não o de chegada. O espaço de liberdade efetiva precisa ser alargado. Contentar-se com ele é fazer dele um princípio de chegada, assim como não acreditar nele é considerá-lo incapaz de ser ampliado.

O ponto de partida é exatamente este: se há uma liberdade essencial que pode ser acessada, existe então um caminho que pode ser percorrido em direção à liberdade que seja efetiva. Havendo um pingo de liberdade efetiva que seja, existe já um ponto onde se ancorar para dali criar relação de amor, de aprendizagem, de reconhecimento, de perdão e de gratidão. Só quem descobrir esse espaço se apaixonará novamente pela vida que está em si mesmo. Só ali haverá esperança, reencantamento e motivações para viver em plenitude. E esse lugar é o mesmo ponto de onde o indivíduo vai aprender a amar a si mesmo sem deixar fora nada dessa visão de amor.

Portanto, deseje muito encontrar na vida alguém que possa lhe olhar com muito amor. Sonhe muito encontrar um olhar que ilumine o seu ser arrancando-o da pequenez de si mesmo. Confie muito. E eu também desejo a você muita sorte. Mas lhe sugiro não fique esperando o amor chegar. Comece decididamente desde agora a olhar a si mesmo com aquele amor efetivo que já está em você. Há uma boa parte de si mesmo que sabe e gosta muito de amar. Faça uso dessa potência interior. É como se houvesse duas pessoas em si, mas que juntas formam uma única: aquela livre que abraça aquela aprisionada. É como dizia o mestre da Galileia: "sábio é aquele que retira de seu alforje coisas velhas e novas". A cada dia, seu eu interior livre e sábio vai entrando em contato com o todo de si mesmo e ali vai encontrar coisas que o alegrarão e outras que pedirão dele muito carinho, amorosidade, perdão e compreensão, soltando gritos de desejo de serem abraçadas e integradas ao inteiro espaço de liberdade efetiva. E é dessa forma que vai se alargando o campo livre de si mesmo, aumentando automaticamente a sensação de liberdade, de leveza e de veracidade do ser, que se expressará em forma de compaixão e misericórdia com tudo o que encontrar ao seu redor no dia a dia. É essa a importância de reconhecer quem mais nos olhou de pequenos, para compreender como foi que temos aprendido a nos olhar desde a infância, a fim de libertar o olhar através de nossos olhos de compaixão e amorosidade derramados sobre nosso ser inteiro que sempre clama por reconhecimento e inteireza. Desse jeito, o ser vai se revelando diante de alguém a cada instante, tanto mais quando esse alguém sou eu mesmo.

O silêncio

Como é difícil o silêncio numa época como a de agora. Tudo é muito barulhento. Agora mesmo, enquanto escrevo essas linhas no hotel de uma cidade considerada lugar de saúde por causa de suas águas termais, ouço muito barulho lá fora, enquanto se preparam para o final de semana de carnaval. Praticamente, não se encontram mais lugares de pleno silêncio. Talvez essa seja a hora de buscar o único lugar que ainda guarda muito silêncio: a nossa interioridade. Não há quem consiga aprofundar o sentido do ser de si mesmo se não aprender a fazer silêncio. Silenciar não é nem mesmo uma tarefa. É um atributo do ser que é. Nós somos silêncio. Há um âmbito de nós mesmos que é como se fosse uma catedral onde habita o mais sagrado de nosso ser. O ser mesmo mora nesse âmbito. É o "Santo dos Santos", o vazio por excelência, que só é habitado pelo silêncio. É onde o Ser é.

 É no silêncio que tudo se plasma. A vida, mesmo, faz-se no silêncio; é no silêncio da noite que a grama cresce. Assim como é no silêncio do ventre que o ser se molda fisicamente. Mas é também no silêncio do ser que a consciência tem suas intuições, suas compreensões, seus arrependimentos e suas libertações. Não há quem fique inerte diante do silêncio. Ele é instigador. Ele sempre quer dizer alguma coisa, mesmo que sem palavras, sem ruídos e sem pretensões. É que no silêncio o ser se expressa por excelência. Talvez, não haja maior espaço de revelação do ser do que aquele do silêncio. Quando fazemos silêncio ouvimos o ser, encaixamo-nos nele e vibramos fundamentalmente através dele. Encanta-me o silêncio das grandes montanhas. Parece que é o silêncio que as mantém de pé. O mistério delas é testemunhado pelo silêncio no qual são mergulhadas. Assim somos nós. No silêncio, entramos no nosso mistério, ouvimos sua presença e testemunhamos sua existência. Então, silenciar é o mesmo que habitar-se.

 Tenho percebido que as pessoas começam a entristecer e a adoecer exatamente a partir do momento em que suas vidas começaram a se perder no barulho do dia a dia. Quando deixaram de silenciar, de orar e meditar perderam-se no caminho, porque não conseguem mais se ouvir, e daí por diante não sabem mais onde estão. Literalmente, perdem-se. Por outro lado, é interessante observar quando conseguimos tirar um tempo para ficarmos em casa, na nossa casa, no nosso apartamento. Facilmente entramos a fazer tudo em silêncio.

Diminuem as palavras, mesmo que estejamos com pessoas, e normalmente as mais queridas. A vida toma um ritmo natural e, mesmo que trabalhando, cansamo-nos menos. Em casa habita o silêncio. E no silêncio o ser experimenta-se mais inteiro.

Por isso, se queremos saber quem somos não podemos perguntar às pessoas de fora. São as de casa que mais sabem sobre nós, são elas que habitam conosco no espaço onde em geral o ser mais se revela. Com quem habitamos, normalmente, não precisamos falar muito, pois tudo revela algo de nós mesmos nas entrelinhas da vida. E o silêncio é o condutor dessa trama. Sempre que tenho a oportunidade de estar no mosteiro, ultimamente mais frequentemente no de Saint Michel Du Var, na França, onde os monges falam quase nada, observo quanto eles pouco dizem em palavras e se comunicam tanto ao mesmo tempo. Talvez não haja outro lugar em que as pessoas mais se comunicam do que aquele do silêncio dos mosteiros. Pois, onde há silêncio, a comunicação é muito mais ampla, profunda e real.

Os monges sabem que sem silêncio não há crescimento, pois, sem ele não há despertar, não há intuição, não há educação nem consciência. O silêncio forja o ser que nos habita. Habituar-se a silenciar é propiciar à alma o campo para a sua revelação. Por isso é que para os monges uma das grandes forças para o autoconhecimento e da união com Deus é o silêncio.

A contemplação

A contemplação é o auge do silêncio. O ser que contempla está imerso no oceano da quietude silenciosa. Só ao contemplar é que alcançamos a essência de cada coisa. Contemplar é pôr um templo em cada coisa. É tornar sagrado tudo o que nos envolve. É reconhecer a verdade que habita cada criatura, cada evento, cada pessoa, cada ser. Contemplar é entrar no Ser que é. Só quando alguém entrou em profunda contemplação é que se poderá dizer que essa pessoa realmente "conhece" o mistério. Conhecer, aqui, não significa ter a ciência de alguma coisa. Muito pelo contrário, conhecer através da contemplação é experimentar a realidade contemplada, é tornar-se o que ela é. Por isso que a contemplação gera sentimentos de profunda compaixão, de misericórdia, de compreensão e de respeito a todo ser nas suas múltiplas formas de expressões.

Um ser que contempla se torna profundamente ecológico, pois ele sabe o que está em cada vida que o rodeia, ele reconhece a integridade e a nobreza de cada criatura. Um ser que contempla se torna, também, profundamente humano e amante da humanidade que habita cada ser, independentemente de sua condição social e de sua cultura. Normalmente, tem um olhar preferencial pelos mais necessitados de vida, de carinho, de cuidado e de bênçãos espirituais; ficam do lado dos mais machucados sem desprezá-los nunca e sem machucá-los mais do que já estão. Aquele que contempla também não consegue ficar longe de sua Fonte Original, pois ele aprendeu a existir através dela. É a partir dela que ele vê tudo, é por meio dela é que ele se relaciona com tudo. Então, ele tem facilmente a medida certa, a visão coerente, o olhar falante, a presença eloquente, o ser irradiante.

O ser que contempla não se distancia facilmente do Templo de si mesmo. Ele zela para permanecer sempre perto da verdade essencial que o habita e se relaciona através do amor. Quando se alcançam os átrios da inteligência contemplativa é que tudo passa a ser visto como parte integrante do todo. Então, não haverá mais grandes problemas com a solidão, diminuem os medos e cresce a sensação se proteção.

É preciso, no entanto, compreender o que significa mesmo uma vida contemplativa. Há os que escolheram viver uma vida de constante contemplação. São aqueles que se retiraram num lugar silencioso para ali passarem todos os seus dias no silêncio e na prática do exercício da contemplação de Deus e de seus mistérios. Bem conhecemos o que são os mosteiros e o que são os monges que habitam esses lugares de silêncio e de contemplação. Várias tradições possuem esses lugares reservados para os que desejam seguir um caminho de profunda e intensa contemplação. No cristianismo antigo, particularmente – hoje, na tradição cristã ortodoxa oriental, temos ainda muitos desses lugares instituídos. Um lugar por excelência, como já mencionei, é o tradicional Monte Athos, na Grécia, com vários mosteiros e com um número de aproximadamente três mil monges que passam o dia inteiro trabalhando e orando, numa constante atitude de contemplação. Diga-se de passagem, nem todos são chamados a uma vida assim, muitos a desejam, mas poucos são mesmo os escolhidos para essa forma de vida de contemplação contínua. Há os que são iniciados e desistem depois de um tempo e os que sem ela não conseguem mais viver. Essa maneira tradicional de vida contemplativa é muito conhecida também no cristianismo ocidental romano, ainda presente entre nós hoje através dos mosteiros de algumas congregações religiosas que têm como modo de expressão espiritual a prática da contemplação assídua, a ascese espiritual e o silêncio contínuo. Conheço muito os beneditinos, os monges trapistas, as monjas carmelitas, entre outros, e seus mosteiros como verdadeiros lugares de oração, e silêncio que só chegando perto já se faz possível experimentar os frutos desses ambientes de amorosidade, de culto e mistério.

Mas não é preciso entrar num mosteiro para aprender a contemplar e nem necessariamente ter de se tornar monge para levar uma vida de verdadeira contemplação. Contemplar é uma dimensão inerente ao ser humano. Nossa alma precisa dessa dimensão. Contemplar é, antes de qualquer coisa, encantar-se através dos valores da estética: da beleza, da bondade, da verdade e do amor. Todo ser saudável é um ser contemplativo na medida em que ainda se encanta, que se extasia, admira e se motiva intensamente com a arte de viver. Portanto, precisamos e podemos contemplar a todo instante de nossa vida. Esses valores estéticos estão sempre sendo representados pela realidade que nos rodeia. Mas para isso é necessário exercitar-se. Criar novamente o hábito. Retomar essa dimensão que, quando crianças, possuíamos naturalmente e se expressava em nós com tanta espontaneidade.

Contemplar é a arte de permanecer diante do que está sendo vivido. É estabelecer-se no interior da experiência e usufruir dela. Se ficarmos bem atentos iremos notar que a todo instante existe alguma coisa ao nosso redor ou no interior de nós mesmos que nos causa sentimentos de admiração e encantamento, pois toda a realidade é um contínuo expressar-se do ser e do Grande ser, nas mais diferentes formas de expressões. Exercitar-se, na verdade, não significa seguir um método. Os métodos nos conduzem às portas da contemplação, mas ao contemplar caem todos os métodos, pois quando a alma entra em contemplação ela simplesmente flutua na experiência e, daí por diante, nem ela mesma sabe bem como será a experiência.

Se observarmos bem, todos os métodos de oração e meditação, no seu fim último, são caminhos que nos conduzem à contemplação. Isto é, são meios que nos levam a permanecer diante do mistério de todas as coisas e do mistério infinito.

Portanto, podemos afirmar que existe inclusive uma forma de viver continuamente em contemplação. É quando nos habituamos a estar continuamente conectados com tudo. É aquele modo de viver que se sustenta num contínuo fluxo de sincronicidade com a realidade inteira. E quanto mais permanecermos em sincronia, tanto mais tudo nos parece encantador e admirável, mesmo que extremamente simples. Quanto mais tempo permanecermos nessa sincronicidade, tanto mais estamos em comunhão com toda a realidade, particularmente daquela mais sutil e escondida.

A contemplação como remédio para as feridas da alma

Como exímio estudioso da vida e dos escritos dos monges do deserto do cristianismo antigo, Anselm Grün nos mostra claramente que no começo do cristianismo a contemplação era de fato um caminho proposto pelos mestres espirituais aos seus discípulos no intuito de alcançarem a cura de suas feridas existenciais. Segundo ele, através da contemplação o indivíduo transcende para outros níveis de si mesmo. Ele mostra como Evágrio Pôntico, já no começo do cristianismo, percebeu que os métodos de ascese, a luta contra as paixões da alma, a vigilância constante com os nossos sentimentos, são muito importantes no caminho de crescimento espiritual, todavia estes não conseguem curar plenamente as forças da alma. Eles devem nos conduzir à verdadeira contemplação, pois somente ela pode curar verdadeiramente todas as feridas de nossa alma e devolver a ela a plenitude de suas forças. Para Grün "a contemplação é a meta do caminho espiritual, mas, ao mesmo tempo, um método para lidar com os problemas que encontramos pelo caminho"[60]. Segundo o monge escritor:

---

60. GRÜN, A. *A orientação espiritual dos Padres do Deserto*. Op. cit., p. 115.

Na contemplação, retiramo-nos do nível dos problemas, devotando-nos totalmente a Deus. Tentamos esquecer tudo, nossos desejos e necessidades, nossas irritações e nossa tristeza, nossos ferimentos e ofensas, nossa busca de fama e nosso orgulho, e nos voltamos para o espaço em nosso interior que está em pleno silêncio e onde apenas habita Deus. Não estamos procurando, pois, caminhos para enfrentar nossos problemas. De fato, deixamos de dar atenção a eles para encontrar o próprio Deus no fundo de nossa alma[61].

O que acontece de fato na contemplação é que a consciência vai para outro nível de percepção: aquele que está acima de nossas dores. Vai para um espaço que fica além dos sentimentos, lá onde é puro silêncio e onde não há lugar nem mesmo para qualquer pensamento. Eles continuam em nós, tanto os sentimentos quanto os pensamentos, mas na hora de profunda contemplação eles permanecem em um âmbito em que a consciência não se identifica com eles. É por isso que se diz que há no ser humano um espaço onde ele não é doente, mesmo na doença; que uma parte que dele não morre, mesmo na morte; e que há um âmbito que não se perturba nunca, mesmo nas grandes tribulações.

A contemplação como caminho de superação da ferida consiste, portanto, em adentrar-se naqueles âmbitos onde a ferida não alcançou. É ter acesso a esse lugar em que é possível experimentar-se no próprio ser sem ter de passar pela ferida. Mas, o leitor pode estar se perguntando: "mas isso não acaba se tornando uma fuga?" Claro que não, pois ao tocar o ser na sua plenitude, no seu vazio e no seu sagrado, agora,

---

61. Ibid., p. 116.

daquele lugar a alma vai enxergar tudo de maneira mais ampla. É só daquele âmbito que ela pode perceber o significado da ferida e, assim, a partir de então, torná-la sagrada também. É quando o sofrimento se desfaz, sobrando somente a dor de sua lembrança.

8
HESICASMO
O SILÊNCIO QUE CURA
AS FERIDAS DA ALMA

Praticamente todos os mosteiros, nas mais diferentes tradições, têm o silêncio e a contemplação como bases fundamentais para a formação do monge. Na tradição cristã, por exemplo, logo no começo, com os padres do deserto, cultivou-se o silêncio como método para aquietar a alma de toda agitação interna e externa, traduzindo-se aos poucos numa corrente de espiritualidade que se chamou de *hesicasmo*, descrita teoricamente já nos séculos VI e VII com bastante argumentação por João Clímaco e Hesíquio o Sinaíta, e posteriormente sistematizada filosófica e teologicamente, no século XIV, por Gregório Palamas.

Em grego, justamente, *hesychia* significa quietude, estado de calma, de serenidade, repouso e tranquilidade, que na vida do monge se traduz em recolhimento da alma, silêncio interior, solidão, união profunda com o divino e contínua permanência na presença de Deus.

Na sua origem, o hesicasmo, como prática, é uma forma de meditação baseada no silêncio e na repetição do nome de Jesus, também conhecida como oração do coração, hoje ainda muito exercitada pelos monges ortodoxos do Monte Athos, na Grécia. Nós tivemos a alegria e a graça de a conhecermos e iniciarmos a praticá-la no mosteiro ortodoxo francês Saint-Michel du Var. Também como prática de oração, mais popularmente, tem sua inspiração na Oração do Peregrino Russo, esse homem simples que a tradição descreve como alguém que busca a Deus peregrinando, e enquanto caminhava pronunciava ininterruptamente: *Senhor Jesus Cristo, Filho de Deus vivo, tende piedade de mim!* Traduzida para um contexto mais existencial, é uma expressão da atitude do coração de quem busca a Deus: humilde, confiante e ciente do desejo da grande Presença que acompanha o ser que está em cada pessoa. É o exercício da contínua consciência do ser que nos habita, na espera de alcançá-lo na sua plenitude.

O hesicasmo, no entanto, é mais do que uma prática de oração ou uma corrente de espiritualidade. É também um estado da alma a ser alcançado. É a iluminação do ser. A iniciação nesse caminho, inclusive, pode tornar-se um modo de viver, um estilo de vida, e até mesmo um método educativo e terapêutico. É exercício enquanto prática do silêncio e da quietude do ser para manter-se unido ao divino, mas torna-se um estilo de vida na medida em que se faz dessa forma de existir um caminho para a revelação do ser que está em nós. É educativa enquanto nos mantém unidos ao ser que nos habita, e terapêutica na medida em que essa noção de presença nos arranca de nossa solidão vazia, de nossos medos e de todas as nossas amarras psíquicas, no intuito de alcançar a iluminação. Em síntese, é um cuidado da mente, do coração e do espírito para que cresça em nós a noção de unidade e inteireza. Só a partir de então ela se torna um estado da alma, que se traduz num jeito simples e amoroso de viver, na atitude contínua de atenção e união ao Ser Essencial e Original.

No seu começo, principalmente através de João Clímaco, a prática do hesicasmo tinha como objetivo aplacar todo tipo de pensamento, de impulsos do corpo e do psíquico, vistos como ladrões da alma, que viriam para roubar o que lhe é mais caro: a paz interior. Nesse sentido, a prática tinha toda uma conotação de vigilância, luta e ascese mental para manter-se na paz de espírito diante de Deus. No entanto, há outra corrente no hesicasmo que se ocupa em analisar esses ladrões da alma, vistos como paixões que precisam ser tomadas na mão para serem reconhecidas e desmascaradas, para depois serem integradas ao ser. Com seu fundamento no grande trabalho de Evágrio Pôntico (345-399 d.C), chamado "As oito paixões", atualmente, os seguidores dessa corrente fazem toda uma abordagem antropológica com base também na psicologia moderna de C.G.Jung, no intuito de uma síntese integrativa, onde os paradoxos humanos são reconhecidos, assumidos e integrados, antes que julgados, rejeitados e separados do ser. Podemos encontrar essa abordagem, por exemplo, em alguns mestres da espiritualidade cristã atual, como, Anselm Grün, Jean-Yves Leloup e Jean-Claude Larchet, obviamente, entre outros.

Na base da via hesicasta como crescimento espiritual há uma fundamentação de caráter tanto teológico quanto psicológico. Segundo Elisabeth Behr-Sigel, para o monge Evágrio Pôntico, a finalidade última da vida cristã consiste no conhecimento (*gnosis*) ou contemplação (*theoria*) de Deus[62]. Esse conhecimento-contemplação constitui uma verdade teológica, assim chamada por Evágrio de *gnose da Santa Trindade*, que, enquanto gnose, num primeiro momento, é conhecimento além das paixões e, como tal, conduz-nos ao

---

62. BEHR-SIGEL, E. *Le lieu du coeur*. Paris: Du Cerf, 2004, p. 64.

Logos criador de todas as coisas para, em seguida, elevar-nos à contemplação, que vai além dos pensamentos múltiplos do Um, a Uni-Trindade Divina[63].

O hesicasmo também, portanto, faz uma ponte entre psicologia e teologia.

Tem um caráter terapêutico enquanto nos auxilia na superação, na cura e significação das feridas da alma. E nos conduz à verdadeira imagem de Deus que habita em nós, aquele ser que é, muito além de todo pensamento e de toda paixão.

É interessante observar na história da espiritualidade hesicasta, entre outros elementos antropológicos que fazem essa ligação entre psicologia e espiritualidade, a forma como é tratado um dos temas que está muito presente na forma de conceber a espiritualidade moderna: a questão da energia espiritual. O hesicasmo é um jeito espiritual de se relacionar com Deus que dá muita importância à experiência, onde parte-se do princípio de que Deus pode ser experimentado, sentido na alma e vivido no mais profundo humano do indivíduo. Isso nos faz compreender que Deus como experiência também passa pelos afetos humanos. É Gregório de Palamas (1296-1359), conhecido como teólogo preeminente do hesicasmo, quem trata diretamente dessa questão quando fala do caráter incriado da luz divina e da distinção entre a essência de Deus e suas energias[64]. Segundo ele, Deus, na sua essência, é inalcançável pelo ser humano, mas pode ser experimentado através de sua energia:

---

63. Ibid.

64. Para mais detalhes sobre essa questão, cf. WARE, K. *L'orthodoxie* – L'eglise des sept Conciles. Pully: Le sel de la terre, 2002, pp. 82-95.

Nós conhecemos as energias de Deus, mas não sua essência. A distinção entre essência (ousia) e energia de Deus, remonta aos Padres Capadócios. "Nós conhecemos nosso Deus pelas suas energias", escreveu São Basílio, "mas não alegamos que podemos chegar perto da sua essência. Pois, suas energias descem até nós, mas sua essência permanece inabordável"[65].

Deus é luz infinita e, portanto, Ele só pode ser experimentado pelos seres humanos através da energia proveniente dessa luminosidade, que se achega em forma de luz. Aliás, tudo o que há no universo é expressão divina em forma de energia:

> Essas energias não são algo que existe em separado de Deus, nem um dom que Deus confere aos homens: elas são o próprio Deus em sua ação e revelação ao mundo. Deus existe completa e inteiramente em cada uma de suas divinas energias. O mundo, como Gerard Manley Hopkins disse, é repleto da grandeza de Deus; toda a criação é uma gigantesca sarça ardente, permeada, mas não consumida pelo inefável e assombroso fogo das energias de Deus[66].

Objetivamente, para o ser humano essa energia seria aquilo que a teologia chama de graça divina, que é a via pela qual o humano se relaciona com o divino. Em palavras simples, Deus pode ser experimentado através de sua energia assim como é com o sol: não podemos tocar o sol, mas ele chega até nós através de sua luz e de seu calor.

Outro aspecto do hesicasmo é a importância que é dada ao coração como centro do humano, enquanto plenitude humana. Por isso é que o hesicasmo se define como sendo a

---

65. Ibid., p. 90.

66. Ibid., pp. 91-92

oração do coração. Quem trabalhou essa noção do coração como centro do humano, com base na filosofia e na sabedoria hebraica, foi Macário do Egito (300-390). Mas, que os monges entendem mesmo por oração do coração? Vejamos o que escreve Kallistos Ware apoiando-se nos escritos macarianos:

> Quando um homem começa a rezar, primeiro, reza com os lábios, e tem que fazer um esforço intelectual consciente a fim de perceber o sentido do que está dizendo. Mas, se ele perseverar, orando continuamente com recolhimento, seu intelecto e seu coração se tornam unidos: ele encontra o "lugar do coração", seu espírito adquire o poder de "morar no coração" e assim sua oração se torna "oração do coração". Ela se torna algo não apenas articulado pelos lábios, não apenas pensado pelo intelecto, mas oferecido espontaneamente por todo o ser do homem – lábios, intelecto, emoção, vontade e corpo. A oração preenche a consciência por completo, e não mais tem que ser empurrada para fora, mas ela própria se expressa a si mesma. Essa oração do coração não pode ser atingida pelos nossos próprios esforços, mas é um dom conferido pela graça de Deus[67].

São esses aspectos do hesicasmo que nos dão a noção de uma visão inteira do humano, onde todo o ser é contemplado e para que sua totalidade seja desenvolvida e revelada. Há lugar, portanto, como dissemos, para a unidade entre psicologia e teologia, numa abordagem que abraça as diferentes dimensões humanas num entrelaçamento objetivo e interpretativo possíveis.

---

67. Ibid., p. 86.

A prática da oração hesicasta

Na raiz do hesicasmo está uma prática muito simples e não tão fácil, ao mesmo tempo, de ser exercitada: colocar a mente no coração através do silêncio dos pensamentos e da sobriedade dos impulsos do corpo, numa contínua atitude de vigilância, atenção e consciência da Grande Presença do Mistério. Para isso, no entanto, não é preciso estar recluso num mosteiro, necessariamente. Pode-se praticar onde se está, em casa, na rua, no carro ou na fila do banco. É nesse sentido que o hesicasmo é também um método de educação e de cura. Pois ele remete a uma constante atitude de silêncio e de presença ao ser. Isso significa existir a partir do coração. Pousar nele, pois nele é que tudo acontece. Estar nele, pois ele é o trono da Grande Presença. Habitar nele, pois é nele que o ser se expressa.

Nessa óptica, o silêncio, então, não é mais uma tarefa e nem mesmo um sacrifício. Ao contrário, ele se torna expressão do ser. Não haverá mais um silêncio que se faz, mas um silêncio que se expressa, pois ele sempre existiu em algum lugar do ser.

Na tradição hesicasta cristã, encontra-se tudo aquilo que nesses últimos anos a maioria dos cristãos foi buscar nas tradições orientais, cansados de um cristianismo intelectual, racional e muitas vezes moralista e que, naturalmente, pouco tem alimentado a alma nos seus mais urgentes anseios. Pois, como prática, o hesicasmo leva a pessoa a encontrar-se consigo mesma a partir da sua interioridade e não através da luta contra o que ela não admite, não gosta ou até mesmo detesta em si mesma. É um convite a enxergar-se na inteireza, sem mutilar-se e sem exaltar-se. Por isso, o hesicasmo é um caminho de reconhecimento da ferida, da integração dela na história pessoal de amor, e uma via, através da qual é possível também estabelecer parâmetros de educação e terapia, onde o silêncio tem um papel fundamental em ambos os processos.

A contribuição do hesicasmo como caminho da cura da ferida essencial está, portanto, na importância que é dada ao coração, antes que para a mente, como visto. E, por consequência prática, a ênfase recai sobre a teologia espiritual, mais do que sobre a religião. Não que esta seja desnecessária, pois o hesicasmo se desenvolveu no seio da tradição cristã, passa pela religião e não deixa de ter uma teologia e uma filosofia de fundo. Mas o que está em evidência é a prática. Para o principiante ela se dá através de um método que, em seguida, transforma-se num jeito espiritual de viver. Este tem especial atenção sobre os sentidos corpóreos e sobre as paixões psíquicas no intuito de cuidar bem da alma, para que não se perca a noção de inteireza que o ser espera.

Como seria, então, a oração do coração? Para os que têm o interesse em conhecer melhor essa prática vou descrevê-la muito sinteticamente, pois para um maior aprofundamento facilmente se encontra bibliografia, inclusive moderna. Vou descrever os passos, particularmente para aqueles que gostam de tirar um tempo para meditar e orar, na sua casa, no seu quarto, em algum lugar especial, na natureza, e até mesmo num templo ou numa capela. Esse é também o método que temos aprendido com os monges ortodoxos franceses, liderados pelo querido mestre e monge Martin, e muito ensinado aqui o Brasil por JeanYves Leloup em seus retiros espirituais:

1. O primeiro passo é o que vale para todo método de meditação: achar um lugar silencioso e sentar-se confortavelmente. Um bom modo de sentar-se é aquele das pernas cruzadas com as nádegas apoiadas na ponta de uma almofada, ou

num banquinho, de modo que as pernas cruzadas ficam mais baixas que o corpo sentado.

2. Em seguida, faça uma prostração com o rosto em terra e mãos alongadas para frente, gesto de humildade e de súplica da luz divina. Depois volte para a posição sentada e junte as mãos na altura do peito, em sinal de inteireza e presença, e logo após, leve as mãos sobre as pernas, com as palmas viradas para cima, ou junte as mãos sobre os pés cruzados, uma dentro da outra, com os polegares se tocando. Tudo isso para que a energia faça seu fluxo em todo corpo e para que o corpo fique inteiro em meditação. Alguns monges mantêm a cabeça levemente inclinada para baixo buscando a direção do coração.

3. Inicie prestando atenção à respiração, harmonize-a com o corpo e aos poucos comece a pronunciar uma palavra ou expressão. Os monges, em geral, pronunciam o nome de Jesus em hebraico, Yeshua, em dois momentos: inspira pronunciando *Ye*, e espira dizendo *shua*. Pode-se usar outras expressões como: *Kyrie eleison* (em grego significa, "Senhor, misericórdia!"), como também "Senhor, cuida de mim", ou ainda "Ilumina-me, Senhor". Importante é fazer sempre em harmonia com a respiração. A escolha da expressão pode ser feita segundo a necessidade e o que você mais deseja alcançar, pois pronunciar o nome significa dar permissão para que ele se torne o que é, na vida de quem ora; o mesmo serve para as expressões.

4. Permaneça na prática um período confortável para sua alma. Não exagere e não saia tão cedo. Para iniciar seria bom uns quinze minutos, pelo menos. O segredo é sempre voltar para a respiração e para a expressão pronunciada, assim você solta os pensamentos que podem vir, sem feri-los ou rejeitá--los. Simplesmente volta para o eixo.

5. Por fim, prostre-se novamente com o rosto em terra, mãos alongadas para frente e, depois, volte, junte as mãos e agradeça a luz do Espírito que lhe inspirou e feche o momento.

Como você nota, o método é muito simples. Importante é manter-se ligado à respiração e à expressão pronunciada dentro da respiração. Com a prática, aos poucos você vai se acostumando a respirar assim, e não se surpreenda se mesmo distraidamente, durante o dia você se pegar pronunciando o nome Yeshua enquanto respira. Progressivamente isso pode tornar-se uma maneira de viver.

Na tradição, conta-se, que muitas pessoas se iluminaram praticando essa meditação, mas o objetivo principal dela é aquele de nos manter unidos ao ser, atentos à alma e na ciência de que não estamos nunca sós. É isso que educa, cura e transfigura.

A prática hesicasta se abre para muitos campos ao mesmo tempo: é também um modo celebrar a liturgia, de compreender os textos sagrados, inclusive, um modo de estar num templo e um jeito de compreender o mundo. O silêncio que acompanha o hesicasta o faz entrar no cerne de tudo. Viver com o coração faz encontrar o coração em tudo o que é encontrado. Então, para o hesicasta, celebrar é muito mais que executar um rito, é estar no rito, fazendo a dança com a alma, é notar-se envolvido nessa festa de gratidão. Os textos sagrados não lhe falam moralmente, nem mesmo racionalmente: tornam-se arquétipos, imagens de autocompreensão, de descoberta pessoal, fonte de sentido para o ser. A partir do coração tudo tem outra compreensão. Para o hesicasta os lugares sagrados também lhe falam muito, pois ele se conecta com a forma sagrada, com a arquitetura que se eleva, com os arcos que expressam portais, com a altura que chama a imensidão, com os altares que lembram ritos antigos e novos, com as velas que acordam a luz da qual ele veio e com a qual ele está unido, com os sinos que soam chamando para o poder sagrado do momento que está sendo vivido. Enfim, ele se sente o próprio templo vivo. Quando ele chegar ali ele já é um verdadeiro templo do Espírito Santo.

Quietude, educação e terapia

Sob essa óptica o hesicasmo é um belo caminho de educação: o silêncio como mediação para o reencontro do ser na sua maior e mais larga profundidade. Aprender a aquietar o corpo e a mente para que o ser se manifeste na sua mais pura luminosidade. Numa época de tanta agitação e distanciamento do seu eu mais profundo, o ser humano distanciou-se imensamente de si mesmo. E, talvez, a maior das causas seja justamente o fato de não saber mais o que é o silêncio. Não há mais silêncio. Tudo é muito agitado: movimentos rápidos, pensamentos velozes, palavras em demasia, respiração acelerada, trânsito contínuo, fábricas funcionando vinte e quatro horas. Logo cedo o mundo das crianças já é muito barulhento, primeiro porque nascem no meio da agitação dos adultos e crescem no ritmo deles, e em seguida, porque tudo o que começa a estar sob o alcance delas, desde brinquedos, videogames, joguinhos eletrônicos, até os joguinhos considerados educativos, nada disso chega até elas através do silêncio. Os pais e os educadores não se dão conta que com essa forma de educar, a criança está sendo distanciada cada vez mais de si mesma, daquele núcleo de silêncio interior onde o ser habita por excelência e que, nela, é ainda muito vivo e naturalmente centrado. Essa talvez seja a grande traição que o ser humano atual, logo no começo, recebe do mundo, como também pode ser a maior causa da ferida original, atualmente: ser tão cedo roubado de si mesmo. Isso significa, existencialmente, ser transportado para um mundo completamente contrário àquilo que o ser realmente é. É como se você fosse levado a outro planeta onde não há oxigênio. Pois, o silêncio pode ser considerado o oxigênio da alma.

Assim fica mais fácil de entender o porquê de tantas crianças, já nos seus primeiros anos, estarem sendo tratadas com problemas de déficit de atenção, hiperatividade, síndrome do pensamento acelerado ou bipolaridade: todas nomenclaturas dadas a doenças consideradas modernas pelos agentes de saúde atual, mas que por serem vistas de um lugar extremamente mental e físico-psíquico, unicamente, nada resolve, pois a raiz de todos esses males está num outro lugar que não é o do corpo e nem o da mente. Esses são somente os lugares onde elas se manifestam. A verdadeira raiz desses males reside no fato de elas estarem sendo retiradas do seu verdadeiro ninho existencial, lá onde o ser precisa ser experimentado e alimentado, para dali poder vibrar e, assim, usufruir da saúde inteira de si mesmo.

Mas alguém pode argumentar dizendo: "sim, mas se eu fizer isso com meu filho ele vai crescer como um ET, em relação aos seus colegas". E eu lhe respondo que você tem razão, mas que isso também não justifica. Tem razão, porque nesse sistema de mundo, não entrar nele é tornar-se muito estranho. E não se justifica porque se quisermos criar outro mundo temos que ter a coragem de nos tornarmos estranhos, esquisitos e até mesmo taxados de loucos, pois nessa época a saúde não reside na normalidade. Também não se trata de fugir do mundo e habitar num buraco escuro de onde a gente sai só quando todos poderiam estar dormindo. Não é isso. Há que se criar a cultura de outra estrada que, logo cedo, proteja e cultive o lugar original do ser da criança. E isso é educação. Ou, para quem já se distanciou desse lugar, há que se fazer o caminho da volta. E isso talvez seja o que podemos chamar de verdadeira terapia.

A prática de uma possível educação hesicasta

Antes de qualquer prática nova há que se experimentar o desconforto daquilo que está se tornando obsoleto ou escasso. Para isso se faz necessário entrar nos sintomas da ferida. Perceber o grau de insatisfação do ser que pode se manifestar nos adultos em forma de tristeza, muitas vezes profunda; raiva, às vezes aparentemente sem razão clara; cansaço, em alguns casos, constante; e ansiedade, muitas vezes difusa e com picos de fobias e pânico. Mas alguém pode dizer: "tá, mas isso é coisa de adulto!" Exatamente! São os adultos que antes precisam passar por essa crise. E nesse caso, os adultos seriam os educadores e os terapeutas. São eles que precisam, antes de todos, passar pela experiência do desconforto existencial.

Portanto, o caminho novo começa por novos agentes. Eles são os primeiros que deverão experimentar a ferida de si mesmos, detectar onde foi que perderam um pedaço de sua alma, quais foram as marcas principais dessa ferida e qual o sentido dela, inclusive, por terem escolhido na vida fazerem o que estão fazendo. Nessa óptica, a verdadeira educação começa pelo professor e o círculo da cura tem seu começo na cura do próprio terapeuta. Portanto, atualmente, tanto a educação quanto a saúde devem estar centradas, antes de tudo, nos seus agentes. Quanto mais estiverem presentes a si mesmos, tanto mais gerarão educação e saúde. Pois, sob esse ponto de vista, aquilo que educa e o que cura realmente não é basicamente o conteúdo ensinado, mas o movimento gerado pelo professor e pelo terapeuta enquanto exercem sua missão e tarefa: há um ser que gera tudo o que é ensinado.

Então, sim, haverá uma nova educação e uma nova escola, um novo terapeuta e um novo tipo de centros de saúde.

Mas, na prática, como seria isso? Há que se oferecer oportunidade de formação para professores e agentes de saúde com esse objetivo: o autoconhecimento e o autocuidado. Só quem se conhece se acalma e só quem se cuida vai poder cuidar de verdade. Autoconhecer-se significa fazer uma viagem para dentro de si no intuito de ver quem se é realmente; é abandonar aquele jeito viciado de se identificar com alguma imagem parcial ou fragmentada de si mesmo, e consequentemente, negando a totalidade do ser, raiz da maioria das tristezas e doenças da alma.

No entanto, o autoconhecimento, não se dá necessariamente através do estudo de conteúdos racionais e teóricos enfiados goela abaixo. Também têm sua importância. Mas ele advém particularmente naquele que, tendo se cansado desse modo tão comum de existir, entrar em contato com seu grande desejo de se encontrar verdadeiramente. Ele acontece em quem se sente amigo da sabedoria e não descansa até não a encontrar no mistério mais profundo de si mesmo. Esse é o verdadeiro peregrino e não necessariamente aquele que caminha quilômetros intermináveis para chegar a algum lugar específico. Ele sabe que precisa caminhar consciente do desejo e em constante atenção a ele, mas não conhece mesmo aonde vai chegar.

Portanto, nessa óptica, empreender um caminho de autoconhecimento é decidir a cada dia ir abrindo janelas de si mesmo através das intuições da alma provenientes da atenção dada a cada momento e a cada evento que acontece na vida daquele que peregrina. Caminhando assim ele tanto se cura quanto se educa. Cura-se dos conceitos estreitos de si mesmo adquiridos ao longo do caminho enquanto andava desatento, e se educa a uma nova maneira de aprender, que vem da capacidade desenvolvida de ficar atento a tudo e interpretar os fatos à luz da alma e do Grande Espírito, que a todo instante está aí pronto a se revelar no ser de quem nele peregrina.

As vias de aprendizagem e de cura desse novo caminho antropológico não se darão mais fundamentalmente sobre os conteúdos e as reflexões teóricas, mas sobre os processos e as experiências vividas pela consciência de quem caminha nessa direção. Os conteúdos também têm seu valor enquanto fundamentam e iluminam o vivido. Eles têm fundamento na medida em que explicam e iluminam a experiência. Do contrário, eles são como latas que somente soam porque estão vazias. Daí a importância do mestre ou do facilitador do caminho: alguém conhecedor dessa trilha e provado no amor. Alguém que já faz a estrada há um pouco mais de tempo, mas que ainda se considera um peregrino que não chegou a lugar algum, senão um pouco mais perto de si mesmo através do desejo de encontrar-se com a Fonte Original.

Nova arte de ensinar

E então nasce uma nova maneira de ensinar: aquela do ser que simplesmente é. A da presença que educa. Aquela presença que mais escuta do que fala, mais compreende do que julga, mais observa do que intervém, mais confia do que controla, mais liberta do que amarra. Mas que também intervém para prevenir, que é firme para corrigir e indagadora para fazer intuir.

Essa é a educação que não funciona mais através do medo e sim da confiança e do amor. Aquela educação que acredita que todo ser humano engendra em seu mais profundo a grande verdade e que essa precisa ser simplesmente acordada e continuamente recordada. Essa nova arte de ensinar vai priorizar algumas práticas em particular, como:

1. *A observação* – Conhecer o ser do indivíduo que ali está. Isso não vai ser difícil para o cuidador que já se conhece um pouco mais na sua interioridade. Observar a criança é perceber o ser que realmente a habita, nas mais diferentes formas de expressão, reconhecendo nela o que lhe é peculiar. Observar logo cedo as expressões de seus espaços livres como também de suas já possíveis feridas. Conhecer a história familiar da criança, seus pais e alguma coisa de seus ancestrais; conhecer sua biorregião, sua cultura e seus costumes. É de suma importância conhecer a dinâmica familiar de cada criança, pois a família, como vimos, é fonte de compreensão de muitas coisas na vida de cada pessoa. Sempre na tarefa de observar a criança no seu todo, é também muito necessário conhecer logo cedo os grandes desejos e interesses dela. Assim, é possível perceber a escassez e o vazio, bem como a dinâmica de seus valores.

2. *Criar o espaço* – O espaço tem uma grande importância. Um espaço hesicasta vai priorizar o silêncio, a arte, a organização amorosa, a sutileza e a harmonização de todo o conjunto. Isso é bem diferente de perfeccionismo. É aconchego e objetividade, ao mesmo tempo.

3. *Favorecer o processo* – Mais importante de qualquer conteúdo, para a educação hesicasta, é o processo. O movimento que gera humanização. É proporcionar condições para que tudo o que é ensinado seja feito através da experiência

que, só num segundo momento vai se tornar reflexão e conteúdo. Os processos serão muito ajudados pela arte, pelo teatro, pela música, pelas dinâmicas de grupo, mas também já bem cedo, pelo silêncio e por algum tipo de meditação acessível para aquela idade.

4. *O brincar alegre* – Evitar qualquer tipo de brincadeira que seja competitiva. A competição gera narcisismo em quem vence e inferioridade em quem perde. Frustração é necessária, mas há diferentes modos de frustrar sem ferir. Muitas das formas de competição incitam a raiva e a agressividade e fomentam um conceito de poder onde é preciso vencer o outro para alcançar alguma coisa. O lúdico precisa ser integrativo. Toda brincadeira que diminui alguém, obscurece o valor de alguma cultura e elege a supremacia de outra não é brincadeira. É agressividade camuflada. Integração gera comunhão e igualdade.

5. *Prática do amor e do perdão* – Amar e perdoar não são valores de domínio exclusivamente religioso. São valores humanos que quando bem vividos geram humildade e respeito. A educação hesicasta honrará imensamente a amorosidade e o perdão. Só o amor gera humanização profunda e só o perdão recupera o que é desumano.

6. *Buscar a "ovelha perdida"* – Um tipo de educação que passa pelo amor e pelo perdão vai ter um olhar especial para aquele que é mais machucado e mais necessitado e, consequentemente, vai ter cuidados especiais para com ele. Incluir é muito mais que arrebanhar, é perceber cada um a partir de sua unicidade e irrepetibilidade.

7. *Ritos de passagem* – Toda educação precisa de ritos de passagem. Aqueles processos que por excelência ampliam a

consciência dos que passam por eles. Ritos de passagem são momentos muito marcantes que deixam pra trás um velho sistema e abrem para um novo modo de viver.

Para um jeito de educar como esse não há como não priorizar esses ritos.

8. *Exercitar a imaginação* – O mundo que se quer, precisa ser imaginado. E a imaginação é o exercício de "arrancar de dentro" aquilo que já existe em algum lugar da profundidade do ser. Quando imaginamos podemos visualizar a materialização do desejo. Imaginar é dar à alma a oportunidade livre de se expressar para a mente a partir de sua mais pura originalidade. Mas para isso é preciso ficar muito atento também ao que pode ser ilusório. O processo que gera ilusão vem da mente, ao passo que a verdadeira imaginação tem sua fonte de inspiração nas imagens que vêm da alma, através da intuição.

9. *Dar lugar ao Mistério* – A educação hesicasta favorece a abertura ao Mistério Infinito. Ela mantém aberto o canal de relação com o transcendente muito presente na criança desde cedo. As crianças chegam muito intimamente ligadas, no seu inconsciente, com o mundo oceânico e infinito do qual faziam parte antes de visitarem o humano. Favorecer a imaginação é exercitar essa relação com o Mistério Infinito, habituando o ser desde cedo a se "transportar" para outros níveis da realidade, mais largos e mais profundos. Educação hesicasta consiste, portanto, no cultivo espiritual do ser, mantendo-o unido ao seu sopro inicial, ao Grande Sopro.

10. *Exercitar a arte de interpretar* – O resultado, talvez, de uma educação hesicasta seja aquele de conduzir o indivíduo, ao longo de sua vida, a aprender a interpretar a vida e seus fenômenos. Quando alguém aprender a interpretar vai poder

recriar o vivido, significar todo tipo de experiência vivida. Interpretar significa perguntar-se sobre o sentido de cada realidade que está sendo experimentada. Isso pode ser chamado de "círculo sincrônico". A dança da sincronicidade se sustenta através da atenção interpretativa constante. Quando alguém chegar a esse modo de viver pode-se dizer que ele é um verdadeiro hesicasta.

Como o leitor bem percebe, essas práticas não têm nada de novo. São conhecidas. É que o segredo não está na prática, mas naquele que ensina a praticar. Eis porque a educação hesicasta é antes uma proposta aos educadores. Eles precisam passar por ela. Eles são chamados a serem hesicastas. Pois, quando o ser se tornar hesicasta então é que ele irá ensinar desse jeito. Sendo assim, o hesicasmo como proposta de educação e de cura, é, antes de tudo, para os educadores, e só depois é que se pode esperar deles essa educação almejada para nossas crianças. Por isso, cada educador que deseja ser hesicasta há que peregrinar os caminhos de si mesmo, escalando as montanhas de seu ser e percorrendo os túneis de seus vazios. Assim eles habitarão um ser hesicasta e serão uma presença que educa prioritariamente através de seu jeito de ser.

9
Holoikos
Um espaço de vida hesicasta

No mundo todo já existem muitos lugares de educação e cuidado que miram para essa direção nova da humanidade. Já são inúmeros os centros que, de uma forma ou de outra, contribuem para esse cuidado. O Holoikos também nasceu sob o signo desse desejo: ser um lugar de aprendizagem e de cura através do silêncio e da contemplação para aqueles que sentem o desejo de dar um salto no seu modo de existir, instigados pelo desconforto de estar no mundo de um jeito tão normal e pouco encantador e pelo desejo de viver diferente o curso de suas vidas nessa época de suas histórias pessoais.

De fato, o Holoikos, desde o momento em que foi intuído e começou a se materializar (2006), carrega essa missão como marco e razão de sua existência e persistência: ser esse lugar de despertar e de cura. Para isso, no projeto ele possui três âmbitos fundamentais: o físico-psicossocial (corporal e relacional), o mental-reflexivo (estudo e pesquisa), e o místico-espiritual (arte e contemplação). Assim, cada uma das dimensões que formam essa unidade tríplice, na consciência humana trabalha os três âmbitos do ser que caminha em direção à autotranscendência consciente, ou seja, os processos de purificação, de iluminação e de unitividade, que, juntos, vão estabelecendo no profundo da consciência humana um senso de inteireza e de comunhão universal.

Por sua vez, cada âmbito possui seus espaços geográficos e estruturas definidos:

1. Um *Espaço Social* → lugar aonde as pessoas chegam, identificam-se, encontram-se e socializam-se, partilhando, trocando experiências, recebendo ensinamentos e tendo vivências grupais em imersão, retiros, meditação, e também onde se alimentam, descansam e têm, inclusive, seus colóquios individuais com algum dos facilitadores ou terapeutas. Esse âmbito fica no centro do espaço geográfico do complexo e é o que atualmente já existe de mais materializado.

2. Um *Centro de Experiências, Estudo e Pesquisa* → é o lado esquerdo do complexo, lugar da razão, da complexidade do pensamento, da pesquisa que busca seus fundamentos para esse novo paradigma. Na prática, é o lugar de cursos, graduações e pós-graduações. Esse âmbito atualmente ainda funciona no Espaço Social, mas que se encaminha aos poucos para a materialização de uma escola-faculdade de educação que aborde a questão do corpo, da mente e do espírito, através da criação da faculdade sobre meio ambiente, através da psicologia transpessoal e por meio dos ensinamentos das grandes tradições, tendo como objetivo a visão de uma ciência integral que contemple os diferentes níveis do ser. Está no projeto, e não tão longe de ser concretizada, a criação de uma escola para crianças, com uma pedagogia diferenciada, que tenha como base o cuidado para logo cedo manter o coração das crianças bem centrado no ser e conectado com o essencial, com a ajuda de diversas mediações apropriadas para esse

fim, como mencionamos anteriormente nas características de uma educação hesicasta: o contato com a natureza, a prática da meditação, exercícios de ioga, celebrações das festas e de exercícios e brincadeiras não competitivas, entre outras, e particularmente, do desenvolvimento do hábito de permanecer atentamente presente a todo instante.

A materialização e a organização desse âmbito estão a cargo da Fema, uma Fundação que se dispôs a ser parceira irmã do Holoikos e seus sonhos.

3. E o *Mosteiro Hesicasta*: → lado direito do complexo geográfico, lugar da espiritualidade e da mística, onde é cultivada por excelência a quietude da alma, através da meditação, do silêncio e da celebração dos mistérios sagrados com base no cristianismo iniciático, dos padres do deserto, com inspiração nos terapeutas de Alexandria. Um espaço reservado para o mosteiro propriamente dito, da prática das divinas liturgias; lugar de cultivo do desejo do despertar, da transfiguração e da iluminação da alma; espaço preparado para aqueles que desejam empreender um caminho mais elevado de consciência. Pode ser frequentado por pessoas que passaram pelos outros âmbitos ou que por esse começam. Pois há um caminho que normalmente começa de baixo para cima, mas há também o que parte do alto e descende, dependendo da história pessoal de cada um e da configuração do desejo. O mosteiro tem como principal abertura a vida de casal, onde se aprofunda a dimensão masculina e feminina numa vivência de aliança, mas também está aberto para pessoas célibes, na medida em que tenham uma aliança a cultivar. Esse âmbito quer ser a alma do Holoikos e os agentes mais incisivos de educação e cuidado, uma vez que se supõe que esses passarão pelas várias

etapas de crescimento na escada da alma, e que se tornarão luzes para outras pessoas, embora sempre na humildade de espírito. Atualmente, esse âmbito do Holoikos se concretiza nos encontros de celebração na capelinha da Mãe da Aliança, mas se destina, aos poucos, na materialização de um mosteiro propriamente dito e de um templo de celebrações onde habitarão juntos os que vibrarem na frequência do amor que cura e renova.

O Holoikos entende que esse é o jeito a que foi chamado a contribuir para a educação e a cura, em vista de uma nova humanidade, embora de uma forma muito simples e humilde, no intuito de se juntar a tantas outras pessoas e centros, nessa época, que têm no coração essa boa vontade. Caminharemos assim até não surgirem outras novas intuições, vindas do Espírito, que na sua amorosidade faz sempre novas todas as coisas. Que Ele nos mantenha fiéis ao nosso ser interior e à verdade que nos habita, para que possamos cumprir com serenidade e alegria, mesmo que na tribulação, o propósito de vida para o qual temos sido chamados.

Cabe, enfim, a nossa gratidão a todos aqueles que fazem parte de nosso caminho e que, na fraternidade dos que foram escolhidos para estarem juntos, não nos deixam nunca sozinhos nessa estrada em que fomos convocados a peregrinar confiando unicamente no caminho que precisa ser trilhado a cada instante, na certeza de que muitos por ali já passaram e que, lá adiante, também nos esperam para a festa do encontro de todos, às bordas do derramar-se da Fonte Original, princípio e fim de tudo o que existe.